D1726538

Helga Baureis · *Küss die Liebe wach!*

Die beliebten Ratgeber von Helga Baureis im Oesch Verlag

Baureis, Helga: **Du wirst ja immer jünger!** Tipps für die schönsten Jahre. ISBN 978-3-0350-5064-6

Helga Baureis, Kinesiologin: **Wow, hast *du* abgenommen!** Die besten Tipps für eine klasse Figur. ISBN 978-3-0350-5080-6

Helga Baureis / Claudia Wagenmann: **Kinder lernen leichter mit Kinesiologie.** 4. Auflage 2009. ISBN 978-3-0350-0038-2

Gesundheit geht uns über alles!
Bücher von Oesch/Jopp in Ihrer Buchhandlung, Versand- und Internetbuchhandlung oder direkt vom Verlag (Lieferung/Rechnung ab Stgt.-Kornwestheim, Wien, Zürich)

Aktuelle Programm-Informationen stets unter:
www.oeschverlag.de   order@oeschverlag.ch

Helga Baureis

Küss die Liebe wach!

*So holen Sie Ihre
Beziehung aus
dem Dornröschenschlaf*

Mit Zeichnungen von
Bianca Schaalburg

Oesch Verlag

Alle Rechte vorbehalten
Nachdruck in jeder Form sowie die Wiedergabe durch Fernsehen, Rundfunk, Film, Bild- und Tonträger, die Speicherung und Verbreitung in elektronischen Medien oder Benutzung für Vorträge, auch auszugsweise, nur mit Genehmigung des Verlags

Copyright © 2009 by Oesch Verlag AG, Zürich
Umschlagbild: © mauritius images / Eyecandy images
Druck- und Bindung: CPI – Ebner & Spiegel, Ulm
Printed in Germany

ISBN 978-3-0350-3046-4

Gern senden wir Ihnen unser Verlagsverzeichnis:
Oesch Verlag, Jungholzstrasse 28, 8050 Zürich
E-Mail: info@oeschverlag.ch
Telefax 0041 / 44 305 70 66 (CH: 044 305 70 66)

Unser Buchprogramm finden Sie im Internet unter:
www.oeschverlag.de

Inhalt

Woche 5

Woche 6

Woche 7

Woche 8 und 9

Woche 12

Bis in alle Ewigkeit?

Meist schleichen sie sich still und leise an uns heran. Wir haben sie nicht wirklich bemerkt, denn wir waren ja immer so damit beschäftigt, Karriere zu machen, unsere Kinder aufzuziehen, ein Haus zu bauen. Wir haben unsere Wohnung gepflegt, unsere Freundschaften und unsere Hobbys. Währenddessen ist uns völlig entgangen, dass auch unsere Liebe tägliche Streicheleinheiten braucht, dass sie gehegt und gepflegt werden muss, damit sie nicht den Kopf hängen lässt und zu welken beginnt.

Doch statt etwas für die Beziehung zu tun, haben wir tagein, tagaus vor uns hin gewurstelt und plötzlich wurde es zu eng auf dem Sofa. Denn zwei ungebetene Gäste haben sich dort ziemlich breitgemacht: die Unlust und die Langeweile.

Zuerst dachten wir: Ach, das ist ja nur eine Phase. Eine Nacht darüber schlafen, dann ist alles wieder gut. Doch auch am nächsten Abend hatte sich nichts verändert. Ach, was soll's? Ein Buch lesen, mit der Freundin telefonieren, eine Comedy anschauen und sich über das Leben anderer amüsieren … Das ist ja auch ganz nett.

Eine Zeitlang hatte diese Ablenkung funktioniert. Doch dann hat sich das Gefühl von Unzufriedenheit immer mehr aufgebläht. Denn wenn wir einen Liebesfilm im Fernsehen anschauen, erinnern wir uns voller Sehnsucht daran, wie es früher einmal bei uns war, als die Schmetterlinge noch munter durch den Bauch purzelten, als wir es kaum erwarten konnten, dass er endlich die Treppe heraufstürmt, als noch jeder Blick und jede Berührung ein kleiner Stromstoß waren, als wir tagelang im Bett verbrachten und die verrücktesten Dinge anstellten, um ihm zu gefallen.

Dieses Gefühl wird ewig halten! Wie überschwänglich waren wir damals. Und so hoffnungsvoll! Wir konnten es uns gar nicht vorstellen, dass es jemals anders sein sollte. Doch der Mitteilungsdrang, der uns am Anfang der Beziehung halbe Nächte wachgehalten hatte, hat sich längst verflüchtigt. Mittlerweile geht es auch ohne viele Worte. Das hat auch sein Gutes, denn schließlich gehört man zusammen und weiß, was man aneinander hat. Dennoch lebt man nur noch so nebeneinander her. Wir sind nicht unglücklich, aber auch nicht wirklich froh. Sollte das wirklich schon alles gewesen sein? Eine Beziehung, die so aufregend ist wie die Werbepause, mit dem Geschmack eines 10 Stunden lang durchgelutschten Kaugummis? Das hatten wir nicht gewollt …

So ist das Leben eben

Es ist kein Geheimnis, dass den meisten Beziehungen nach einer gewissen Zeit der Schwung verloren geht. Das spritzige Feuerwerk, das wir zu Beginn abfeuern, wird im Laufe der Beziehung zum schwachen Flimmern.

Wir werden bequem, lassen uns gehen. Was früher das verträumte Champagner-Picknick auf der Wiese war, ist nun der Fernsehabend mit einer Aufback-Pizza auf dem Sofa.

Ehe – ein Bankett, das mit dem Dessert beginnt.
Tristan Bernard, Schriftsteller

Doch der eintönige Trott ist nicht das Einzige, was uns zu schaffen macht. Über die Jahre wurden wir mit den kleineren oder größeren Eigenheiten des Partners konfrontiert. Was wir am Anfang witzig fanden oder worüber wir geschmunzelt haben, nervt jetzt nur noch. Oft fliegen die Fetzen, obwohl es lediglich um läppische Kleinigkeiten wie den Klassiker »offene Zahnpastatube« oder die Frage, wer den Müll rausbringt, geht.

Wir verstehen die Welt nicht mehr, früher war unsere Beziehung doch so klasse. Was ist nur passiert?

Hopfen und Malz verloren?

Wenn die Luft erst einmal raus ist, gibt es mehrere Möglichkeiten, damit umzugehen. Die eine wirkt auf den ersten Blick einfach: Wir suchen die Schuld beim anderen und trennen uns oder aber wir arrangieren uns mit dem Partner, während wir still und leise ein zweites Leben neben ihm führen. Diese »Lösungen« machen auf Dauer unglücklich, denn die Probleme, die wir jetzt nicht mit ihm bearbeiten, werden irgendwann zu einem unüberwindlichen Hindernis anwachsen. Beim nächsten Mann wird alles anders? Mal ganz ehrlich – falls Sie nicht gerade Ihre erste Liebe leben: Kam dieser Punkt, an dem Sie jetzt stehen, nicht auch schon in anderen Beziehungen?

> *Es fällt niemandem ein, von einem Einzelnen zu verlangen, dass er glücklich sei – heiratet aber einer, so ist man sehr erstaunt, wenn er es nicht ist!*
> Rainer Maria Rilke, Dichter

Es geht auch anders

Die zweite Möglichkeit ist vordergründig viel anstrengender: Wir erforschen und entdecken unsere Wünsche und Erwartungen, entdecken ganz neue Facetten und Qualitäten an uns und unserem Partner, kommen uns dadurch wieder näher und bringen den fehlenden Schwung zurück. Das ist eine Investition, die Leichtigkeit, frische Verliebtheit und Glück in unsere Beziehungen und unser Leben (zurück-)bringen kann.

Dieses Buch soll Ihnen dabei helfen, Ihre Beziehung wieder schöner zu machen: aufregender, prickelnder, abenteuerlicher. Oder lieber entspannter, befreiter und harmonischer? Wie auch immer Sie es sich wünschen. Denn Sie entscheiden natürlich ganz allein. Auf dem Weg zu Ihrer perfekten Beziehung begleiten Sie viele praktische Tipps und Übungen. Sie werden Tiefgründiges und Leichtes finden, Spannendes und Witziges.

Dadurch werden Sie
- ♥ angeregt, Ihre Bedürfnisse und Sehnsüchte zu erkunden,
- ♥ motiviert, die Verantwortung für das Gelingen Ihrer Beziehung in die Hand zu nehmen,
- ♥ inspiriert, Langeweile und Stress aus Ihrer Partnerschaft zu verbannen und stattdessen
- ♥ angenehme Spannung und viel Leichtigkeit hineinzubringen.

Kleinere und größere Übungen regen zum Nachdenken, Reflektieren und Experimentieren an und werden Sie Ihrer Traumbeziehung Stück für Stück näherbringen. Bei all dem sollen Spaß und Sinnlichkeit nicht zu kurz kommen. So finden Sie zahlreiche Ideen für mehr Kreativität und Lust am Spiel zu zweit.

Stürzen Sie sich hinein ins Abenteuer, damit Sie am Ende jubeln können: Ich fühle mich wie frisch verliebt!

Alles hat seine Zeit

Natürlich wäre es leichter, alles beim Alten zu lassen und abzuwarten, bis es sich von allein bessert. Denn um etwas zu verändern, muss man seine Komfortzone verlassen. Man muss Verhaltensweisen in Frage stellen, seine Beziehung aus einem anderen Blickpunkt betrachten, sich mal anders verhalten, um zu sehen, was passiert. Mit anderen Worten: Man muss etwas tun. Die meisten von uns haben es ja ganz gerne bequem. Aber glauben Sie wirklich an den Weihnachtsmann oder an ein Wunder, das vom Himmel fällt? Warten Sie nicht ab, bis sich eine wunderbare Beziehung zwischen Ihnen und Ihrem Partner entwickelt. Dabei könnten Sie alt, grau und vor allem unglücklich werden.

Es ist das Geheimnis einer guten Ehe, dass einer Serienaufführung immer wieder Premierenstimmung gegeben wird.
Max Ophüls, Regisseur

Eindeutige Anzeichen, dass Ihre Beziehung eine Fitnesskur vertragen könnte:
- Wenn Sie häufiger in den Fernseher als in die Augen Ihres Liebsten schauen.
- Wenn die Anzahl der gewechselten Worte unter 100 pro Tag liegt.
- Wenn Sie sich gar nicht mehr erinnern können, wann Sie das letzte Mal Sex mit ihm hatten.
- Wenn Sie lieber zur zweiten Decke greifen, statt sich an ihn zu kuscheln.
- Wenn Sie einen faulen Abend auf dem Sofa einem Dinner mit ihm vorziehen.
- Wenn Sie im Restaurant feststellen, dass Sie zu den Paaren gehören, die sich nicht viel zu sagen haben.
- Wenn Sie sich zuhause immer öfter im Gammellook ertappen.
- Wenn Sie ihn mit »Papa« oder so, wie Ihre Kinder es tun, ansprechen.
- Wenn Sie ewig nicht mehr mit ihm geknutscht haben.
- Wenn Sie lieber vor dem Fernseher als in seinen Armen einschlafen.
- Wenn Sie beide Dinge tun, von denen Sie genau wissen, dass es den anderen stört.

- Wenn jedes zweite Gespräch in Vorwürfen und Streitereien endet.
- Wenn Sie es sich gegenseitig nichts mehr recht machen können.
- Wenn Ihr Partner nicht wahrnimmt, dass Sie beim Friseur waren oder 10 kg abgenommen haben, und wenn es Ihnen gar nicht auffällt, dass er seinen Bart abrasiert hat.
- Wenn Sie schon lange nicht mehr mit ihm gelacht haben.

Alles braucht seine Zeit

Den ersten Schritt haben Sie bereits getan, denn Sie haben dieses Buch gekauft. Doch wo genau soll es hingehen? Das ist eine der Fragen, die wir nach und nach gemeinsam klären wollen. Bevor wir damit anfangen, habe ich eine Bitte an Sie: Wenn Sie etwas lesen, was Sie anspricht – überlegen Sie nicht lange. Probieren Sie es einfach aus. Testen Sie, wie es sich anfühlt, einmal anders zu denken, zu planen und zu handeln, und lassen Sie sich von positiven Ergebnissen überraschen.

Sollte das Resultat nicht gleich so sein, wie Sie es sich erhofften, lassen Sie sich bloß nicht irritieren oder abhalten, weiterzumachen. Alles braucht seine Zeit – vor allem Veränderungen. Überfordern Sie sich und Ihren Partner nicht mit der Erwartung, dass das große Prickeln gleich nach dem ersten Versuch anklopft. Je nachdem, wie lange Sie schon zusammen sind, haben sich feste Muster zwischen Ihnen beiden eingeschlichen, die es erst einmal zu unterbrechen gilt. Das ist dasselbe wie mit dem Übergewicht. Was man sich über Jahre hinweg angefuttert hat, kann man nicht in einer Woche verlieren. So ist es auch mit Ihrer Beziehung. Es dauert einfach seine Zeit, bis Verhaltensmuster bewusst wahrgenommen, auf Gültigkeit überprüft und gegebenenfalls verändert werden können. Heißen Sie jede noch so kleine Veränderung willkommen.

Aber das Wichtigste überhaupt: Lassen Sie sich von Ihren Problemen nicht das Leben vergällen, sondern gehen Sie mit Humor und Leichtigkeit an die Sache ran. Denn sobald Sie über verunglückte Versuche lachen können, nehmen Sie eine große Portion Spannung weg.

Selbst ist die Frau!?

Vielleicht ist es ein Vorurteil, wenn ich davon ausgehe, dass es eine Frau ist, die dieses Buch gerade in den Händen hält. Doch es ist nun mal eine Tatsache, dass vor allem Frauen diejenigen sind, die es nicht hinnehmen wollen, wenn ihre Beziehung falsch läuft. Frauen vermissen viel eher die kleinen Gesten der Zuneigung und halten es nicht aus, in einem liebesleeren Raum zu leben. In solchen Fällen sind sie es, die viel schneller bereit sind, etwas Neues auszuprobieren. Deshalb werde ich die weibliche Form der Anrede wählen. Falls männliche Leser zu dem Buch greifen, mögen sie mir das verzeihen.

3-Monate-Fitnesskur für Ihre Liebe

Das ist der ungefähre Zeitraum, den Sie für Ihr Projekt einplanen sollten. Wie lange Sie letztlich dafür benötigen, hängt davon ab, ob Sie sich täglich ein wenig Zeit nehmen wollen und können. Auf dem wöchentlichen Plan stehen mal kleinere, mal größere Aufgaben, Übungen, Rituale, Anregungen, Strategien und Spiele, die das Liebesglück zurückbringen sollen.

Blättern Sie durch das Buch und schauen Sie, welche Themen Sie besonders ansprechen. Sie sollten allerdings mit der ersten Woche beginnen, weil die Themen dort ein prima Einstieg sind und Sie damit Klarheit in Ihr Projekt bringen. Auch die Wochen 2 sowie 3 und 4 sollten Sie an den Beginn stellen. Danach können Sie entscheiden: der Reihe nach oder ganz nach Lust und Laune.

Verteilen Sie die Aufgaben am besten immer auf ein paar Tage. Dann können Sie sich ausreichend Zeit nehmen und zwischendurch innehalten, damit das, was Sie gerade erkunden oder üben, nachwirken kann. Achten Sie darauf, dass Sie sich zu Beginn nicht nur die Rosinchen herauspicken, sondern ab und zu auch ein »schwereres« Thema bearbeiten. Wenn Sie für eine leicht verdauliche Mischung sorgen, geht Ihnen unterwegs nicht die Puste aus.

In den drei Monaten gibt es viel zu entdecken, auszuloten und zu experimentieren. Es kann eine der spannendsten Phasen Ihres Lebens werden.

Heldinnenreise

Bitte wundern Sie sich nicht, wenn es vor allem darum geht, was Sie für Ihre Beziehung tun können. Es würde Sie nicht weiterbringen, wenn Sie sagen würden: »Soll er doch zuerst einmal ...« oder »Wenn er doch nur so oder so wäre, dann wäre ich auch ...«.

Sie sind nun mal diejenige, die das Buch in den Händen hält und damit die Verantwortung übernommen hat. Außerdem muss ja einer den ersten Schritt tun. Wenn Sie das sind, können Sie nur gewinnen. Denn sobald Sie an sich etwas verwandeln, wird es Ihnen besser gehen, weil Sie zufrieden mit und stolz auf sich sind, und gleichzeitig mit Ihnen wird sich auch Ihre Beziehung verändern.

Das kennen wir doch alle: Er drückt Knopf A und sie reagiert nach Muster A. Beispielsweise kommt er abends nachhause, seine erste Frage ist: »Was gibt es zu essen?« und sie geht jedes Mal an die Decke, weil sie glaubt, dass er nur an sich denkt und sie dabei völlig übersieht.

Wenn sie aber entschlüsseln kann, dass für ihn »Was gibt es zu essen?« bedeutet, dass er sich darüber freut, zuhause zu sein und es sich gemütlich zu machen, um gemeinsam mit ihr ein leckeres Essen und einen schönen Abend zu genießen, kann sie sich entspannen. Somit hat sie Knopf A deaktiviert.

Wenn wir ein paar Hintergründe verstehen und Zusammenhänge erkennen, bringt uns das viel Gelassenheit und damit kommen wir einfach weiter. Wir hören es ja immer wieder: Du kannst deinen Partner nicht ändern – nur dich selbst. Das ist richtig! Doch es gibt ein kleines Hintertürchen in Sachen Veränderung. Sobald wir selbst uns auf den Weg machen, wird unserem Partner gar nichts anderes übrig bleiben, als mitzuziehen. Denn was passiert, wenn wir auf kleine Sticheleien oder

Am Anfang aller großen Dinge steht eine Frau.
Horace Walpole,
Schriftsteller

schlechtes Benehmen nicht mehr oder ganz entspannt reagieren? Der andere wird damit aufhören. Die Macht zur Veränderung liegt also in Ihren Händen.

Das Geheimnis Ihrer Anziehung

Betrachten Sie die Gesetze von Ausstrahlung und Anziehung. Die Dinge, die wir nach außen geben, kommen zu uns zurück. Das haben wir doch alle schon erlebt: Wir denken intensiv an eine Freundin, von der wir schon länger nichts mehr gehört haben, nehmen uns vor, sie endlich mal anzurufen, kurz darauf klingelt das Telefon – und wer ist dran? Diese Freundin! Oder wir hören von einem bestimmten Buch, denken, ach, das werde ich mir mal besorgen und auf einmal liegt es, schön verpackt, auf unserem Geburtstagstisch. Ein weiteres Beispiel: Wir haben Angst davor, uns beim Essen mit Tomatensoße zu bekleckern – und was passiert? Wenig später ist unsere weiße Bluse mit roten Farbspritzern bedeckt.

Die Energie folgt der Aufmerksamkeit.
Weisheit aus dem Schamanismus

Das liegt daran, dass wir das, woran wir am meisten denken, am ehesten in unser Leben ziehen. Ob wir etwas befürchten oder uns etwas wünschen: Wir bekommen das, was wir erwarten. Es treten die Dinge ein, zu denen wir unsere Energie in Form von Gedanken hinsenden.

Gleich und gleich gesellt sich gern

Wenn wir also etwas wollen, müssen wir die entsprechende Botschaft aussenden. Eine gute Möglichkeit, das zu tun: Entwickeln Sie sich zur perfekten Partnerin, wenn Sie wollen, dass auch Ihr Liebster sich in diese Richtung bewegt. Säen Sie ab sofort so oft wie nur möglich gute Gedanken, Erwartungen, Wünsche und Handlungen und fahren Sie zu einem späteren Zeitpunkt die dicke Ernte ein!

Frau/Mann oder weiblich/männlich?

Es ist verführerisch einfach, zu schreiben: So funktionieren Männer, so funktionieren Frauen. Doch es wäre ganz und gar falsch, Frauen in die eine und Männer in die andere Schublade zu stecken ... Das ist zu simpel gedacht. Denn genauso, wie es Frauen gibt, die viele männliche Anteile haben, gibt es viele Männer, die ihre weibliche Seite kultivieren.

Doch zur Vereinfachung ist es in den meisten Fällen nötig, die Begriffe männlich und weiblich zu verwenden und ein wenig zu verallgemeinern, wenn es darum geht, Unterschiede zu beschreiben.

Natürlich sind Männer nicht ausschließlich männlich und Frauen nicht nur ganz und gar weiblich, sondern wir alle sind sehr individuelle Mischungen aus beidem.

Jetzt geht's los!

Hier beginnt nun die 3-Monate-Fitnesskur für Ihre Beziehung. Ich wünsche Ihnen verblüffende Erkenntnisse, viel Inspiration, Spaß und Motivation für Ihre traumhafte Beziehung!

Woche 1

Ein wenig Klärung gefällig?

Bevor Sie sich in die Beziehungsarbeit stürzen, sollten Sie zuerst für sich klären: Tu ich es wirklich mit ganzem Herzen?

Gelegentliche Tiefs sind ja völlig normal und gehören zum Beziehungsalltag dazu. Es könnte doch schnell ein wenig langweilig werden, wenn immerzu alles glatt und einfach laufen würde. Kleine Herausforderungen machen das Leben erst bunt und die Beziehung sowieso.

Hat eine Partnerschaft eine gute Basis, dann genügen ein paar Funken, um sie wieder zum Lodern zu bringen. Sind die Risse jedoch schon größer, muss sehr viel mehr Energie für Ausbesserungsarbeiten aufgewendet werden. Deshalb sollten Sie sich Ihre Beziehung genau anschauen, auf Ihre innere Stimme hören und in sich hineinfühlen, um festzustellen:

Wie viel Lack ist denn noch dran?

Wie sieht es mit Ihrer Beziehung aus? Ist nur zu viel Alltag eingekehrt oder ist es schon mehr? Um die Situation besser einschätzen zu können, sollten Sie den momentanen Status feststellen. Deshalb: Wenn Sie Ihrer Beziehung spontan eine Schulnote geben sollten – welche wäre es?_____

Welche Note wollen Sie ihr am Ende der Fitnesskur geben? _____

Wie viel bedeutet Ihnen Ihre Beziehung? Wie wichtig ist sie Ihnen? Vergeben Sie dafür ebenfalls eine Note von 1 bis 6: _____

Was sind Sie bereit zu tun, dass Ihre Beziehung so wird, wie Sie sie haben wollen? Was werden Sie in das Fitnessprogramm investieren? Zum Beispiel Zeit, Energie, Vertrauen, Hoffnung …? Was sind Sie bereit zu geben?

Was könnte Sie davon abhalten, alles zu tun, damit Ihre Beziehung so wird, wie Sie sie haben wollen? Ist es Ungeduld? Mangelnde Zuversicht? Zweifel?

Was müsste Ihr Partner tun, damit Sie aufgeben und Ihre Pläne für das Fitnessprogramm hinwerfen?

Was sind Ihre Stärken? Was wird Ihnen dabei helfen, dass Sie das Programm mit einem Lächeln auf den Lippen bis zum süßen Ende durchziehen?

Vorbilder

Haben Sie ein Abpausmuster für Ihre ideale Beziehung? Gibt es in Ihrem Umfeld Paare, die das leben, was Sie auch gerne hätten? Ihre Eltern, eine Freundin, die Cousine? Verfolgen Sie eine Daily Soap, in der ein Paar die perfekte Beziehung für Sie verkörpert? Kennen Sie einen Kinofilm oder ein Buch, in dem sich die beste aller Beziehungen oder etwas, das Ihnen auch nur annähernd gefällt, findet?

An kleinen Dingen muss man sich nicht stoßen, wenn man zu großen auf dem Weg ist.

Christian Friedrich Hebbel

Falls Sie genickt haben: Was machen diese Menschen anders als Sie und Ihr Partner? Was können Sie von ihnen lernen?

_____

_____

_____

_____

_____

Was darf's denn sein?

Unter einer erfolgreichen Beziehung versteht jeder etwas anderes. Was bedeutet Fitness für *Ihre* Liebe? Woran würden Sie erkennen, dass Sie Ihr Ziel erreicht haben und Ihre Beziehung wieder lebendiger oder harmonischer wird? Wovon müsste es mehr geben, damit Sie sagen könnten: Ja, genau so will ich es haben!? Wie würde es sich anfühlen? Was könnte das gewisse Etwas sein?

Bitte nehmen Sie sich ein paar Minuten Zeit, diese Frage zu beantworten. Denn je besser Sie wissen, was Sie wollen, desto größer ist die Wahrscheinlichkeit, dass Sie es auch bekommen werden.

Geben Sie also Ihre Lieblingszutaten – Leidenschaft, Aufmerksamkeit, Zärtlichkeit, Humor, Abwechslung, Wertschätzung oder was auch immer Sie sich wünschen – in eine Form und backen Sie sich daraus Ihren schönsten Beziehungskuchen:

_____

_____

_____

_____

_____

_____

Was braucht Ihr Partner, damit er sich in der Beziehung wieder rundum wohlfühlen könnte? Fragen Sie ihn direkt oder finden Sie es in Gesprächen heraus.

_____

_____

_____

_____

_____

Nehmen Sie in den nächsten Tagen den Stift immer wieder in die Hand, sobald Ihnen weitere Backzutaten einfallen.

Du bist, wie *du* bist und ich bin, wie *ich* bin

Sich zu wünschen, dass es eine absolute Übereinstimmung mit dem Partner geben soll, gehört in das Reich der Illusionen. Die Reibereien, die entstehen, wenn zwei Persönlichkeiten aufeinandertreffen, die Chancen, die sich daraus ergeben und an denen beide wachsen und sich weiterentwickeln können, sind Salz und Pfeffer einer guten Beziehungssuppe.

Was ist das Besondere an Ihnen selbst?

_____

_____

_____

_____

_____

_____

Was ist das Besondere an Ihrem Partner?

_____

_____

_____

_____

_____

_____

Welche Gegensätzlichkeiten trennen Sie von Ihrem Partner?

_____

_____

_____

_____

_____

_____

Welche Gemeinsamkeiten binden Sie an Ihren Partner?

_____

_____

_____

_____

_____

Welche Eigenschaft mag Ihr Partner an Ihnen am meisten? Fragen Sie ihn oder schreiben Sie auf, was Sie vermuten:

_____

_____

_____

_____

_____

Wünsche an den Partner

Die großen Tugenden machen einen Menschen bewundernswert, die kleinen Fehler machen ihn liebenswert.

Pearl S. Buck

Nein, Sie sollen ihm nicht gleich die große Wunschliste unter die Nase halten, um ihn damit zu erschrecken. Viel wichtiger ist, dass Sie selbst sich erst einmal klar darüber werden, wovon Sie mehr von ihm brauchen.

Ist es wichtig für Sie, dass er Ihnen mehr Aufmerksamkeit zeigt, indem er Sie abends fragt, wie Ihr Tag war, und Ihnen einfach nur zuhört? Soll er mehr Verantwortung übernehmen, indem er auch mal ohne Aufforderung die Waschmaschine füllt oder die Kinder von der Oma abholt? Wünschen Sie sich mehr Zärtlichkeit in Form von Massage oder Kuscheln (ohne dass er gleich an Sex denkt)?

Schreiben Sie auf, was Ihnen einfällt:

_____

_____

_____

_____

_____

_____

_____

_____

Auch diese Liste darf immer wieder ergänzt werden. Schauen Sie am Ende der Fitnesskur wieder auf die genannten Punkte und haken Sie ab, was sich schon in Ihrem Sinne verändert hat.

Schriftlich hält besser

Sie haben sich dazu entschlossen, Ihre Beziehung zu verbessern. Sie gehen frohen Mutes ans Werk, es läuft so, wie Sie es sich vorgestellt haben, und Sie freuen sich schon mal auf das Ergebnis. Doch dann gibt es plötzlich einen Stillstand oder es geht sogar einen Schritt zurück. Denn wie ein kleines Mäuschen beginnt der Zweifel an Ihnen zu nagen: Hat es eigentlich einen Sinn, was ich da gerade tu? Ist meine Beziehung überhaupt noch zu retten? Oder mache ich mir nur etwas vor? Sollte ich nicht lieber alles beim Alten lassen? Das ist doch nur anstrengend und der Typ (oder wie Sie Ihren Partner in solchen Momenten zu nennen pflegen) hat meinen Einsatz gar nicht verdient! Der wird sich niemals ändern!

Einen Menschen zu lieben heißt, ihn so zu sehen, wie Gott ihn gemeint hat.
Fjodor Michailowitsch Dostojewski, Schriftsteller

Ja, Zweifel können den stärksten Willen umhauen. Doch dem können Sie vorbeugen. Sie schaffen es viel besser, bei Ihrer Entscheidung zu bleiben – weil Sie im eventuell eintretenden Fall nachlesen können, was Ihre Gründe dafür sind –, wenn Sie einen Vertrag mit sich selbst abschließen:

Vertrag

Ich

(Name)   , entscheide mich am

dazu, alles Nötige dafür zu tun, meine Beziehung mit (Name des Partners)

wieder (z. B. interessanter, entspannter, lebendiger)

und   zu machen.

Diese Entscheidung habe ich getroffen, weil ich mich mit (Name des Partners)

wieder (z. B. inniger, geliebter und ausgeglichener)

und

fühlen will. Ich bin voller (z. B. Zuversicht, Vertrauen, Hoffnung, Bereitschaft und Energie)

und   mein Ziel

zu erreichen. Selbst wenn mich zwischendurch Zweifel überfallen, weil ich mich (z. B. unfähig, abgelehnt, unwichtig und ungeliebt)

und

fühle oder ihn als (z. B. desinteressiert, gelangweilt, stur und uneinsichtig)

und

empfinde, werde ich nicht aufgeben, sondern weiter daran arbeiten, dass unsere Beziehung so wird, wie ich es mir in meinen Träumen ausmale. Denn ich weiß, dass es immer wieder zu Rückschritten kommen kann. Aber ich, mein Partner und unsere Beziehung haben diesen Einsatz einfach verdient. Dieses Versprechen gebe ich mir und ich werde es auch halten!

(Unterschrift)

Und nun: Entscheiden Sie sich eindeutig dafür, erfolgreich zu sein!

Alles in Rosa

In der letzten Woche mussten Sie einiges arbeiten, um Ihre Vorstellung hinsichtlich Ihrer Wunschbeziehung zu klären. Die folgenden Übungen und Fragen werden Ihnen dabei helfen, Ihren Partner und Ihre Beziehung in einem rosigeren Licht zu betrachten.

Viel Plus, kein Minus

Ist Ihnen bewusst, welche Eigenschaften Sie an Ihrem Partner am meisten schätzen? Oder fällt es Ihnen viel leichter, herunterzubeten, was Sie alles nicht an ihm leiden können? Manchmal verwandelt sich die rosarote Brille vom Anfang einer Beziehung in eine rabenschwarze. Was bedeutet, dass wir nur noch auf das schauen, was *nicht* ist. Aber das Gute an unserem Liebsten übersehen wir, weil wir es als selbstverständlich betrachten.

Ist das bei Ihnen auch so? Legen Sie heute doch mal einen Rosarote-Brille-Tag ein. Blenden Sie alles, was Sie an Ihrem Partner stört, aus und nehmen Sie nur wahr, was Ihnen an ihm gefällt. Kriegen Sie das hin?

Das soll nicht in Augenwischerei enden, sondern nur Ihren Fokus umlenken. Denn sobald Sie das Schöne an Ihrem Partner erkennen, werden Sie ihn in seinen positiven Seiten bestätigen. Und was tut ein Mann, wenn er bestätigt wird? Er gibt sich Mühe, noch besser zu werden.

Fangen Sie doch gleich mal damit an und notieren Sie die drei Eigenschaften, die Sie am meisten an ihm mögen:

Fällt Ihnen noch mehr Positives ein? Dann nur zu:

Schauen Sie auch, was Sie unter **Du bist, wie *du* bist und ich bin, wie *ich* bin – Was ist das Besondere an Ihrem Partner?** geschrieben haben.

Schreiben Sie bitte ebenfalls auf, welche Qualitäten *Sie* in die Beziehung einbringen. Was machen Sie besonders gut?

Dieser Mann ist ein Gast in meinem Leben und keine Selbstverständlichkeit. Haben Sie Ihre Beziehung zu ihm schon einmal aus diesem Blickwinkel betrachtet?

Alles prima oder was?

Denken Sie ab und zu daran, sich auch mal über das Schöne in Ihrer Beziehung zu freuen? Es gibt doch sicher vieles, mit dem Sie zufrieden sind, weil es einfach gut läuft!? Manchmal vergessen wir, dass auch das Gute gesehen werden will. Es nicht zu tun, wäre schade, denn Positives verstärkt sich, wenn Sie ihm immer wieder neue Energie in Form von Anerkennung und Dankbarkeit geben.

Eine Möglichkeit, das zu tun: Bedanken Sie sich jeden Abend vor dem Schlafengehen für drei gute Dinge. Probieren Sie es gleich heute Abend aus.

Am besten kann man die Zukunft vorhersagen, indem man sie selbst erfindet.

Alan Kay, Wissenschaftler

Wenn Sie mit all den Vorteilen Ihrer Beziehung durch sind, beginnen Sie entweder von vorne oder nehmen die guten Seiten Ihres Partners oder Ihres Lebens in Angriff. Sie werden sehen: Das wirkt!

Alles auf Anfang

Wie waren Sie, als Ihr Partner Sie kennenlernte? Witziger, unternehmungslustiger, spontaner, fürsorglicher, schlanker, besser gekleidet … als heute? In welches Bild hat sich Ihr Partner damals verliebt? Am Anfang einer Beziehung geben wir uns meist die größte Mühe, uns so darzustellen, wie wir glauben, dass der andere uns mag. Wir wollen interessant erscheinen und anziehend, cool, souverän, aufregend sein. Wir sind sexy, zeigen unsere schokoladigste Seite, flirten und bezirzen ihn, um ihn so sehr zu faszinieren, dass er nur noch Augen für uns hat.

Diese einseitige Selbstdarstellung hält niemand auf Dauer durch. Wozu auch? Wir haben ja noch so viel mehr zu bieten. Doch vielleicht gibt es das eine oder andere, in das sich unser Partner am Anfang ganz besonders verliebt hat und das er jetzt schmerzlich vermisst. Manche Männer benennen es, andere schweigen sich aus und wieder anderen ist gar nicht bewusst, was ihnen fehlt. Nur die Auswirkungen – die bekommen wir zu spüren.

Was könnte Ihrem Partner an Ihrem Verhalten oder Ihrem Aussehen im Vergleich zur Anfangszeit fehlen? Fragen Sie ihn, was er von Ihnen braucht, damit er sich neu in Sie verlieben kann.

_____

_____

_____

_____

_____

Positiv geht's leichter

Geht es Ihnen manchmal auch so, dass Sie nur noch Menschen wahrnehmen, die eine schlechte Beziehung haben? Ihre Freundin, eine Kollegin, die Verkäuferin in Ihrem Lieblingsladen? Alle jammern darüber, dass dieses und jenes nicht stimmt. Stimmen Sie allzu gerne in dieses Gejammer mit ein? Ohne genauer hinzuschauen, ob das alles überhaupt Ihrer eigenen Realität entspricht?

Es gibt etwas Besseres als eine kollektive »Meine-Beziehung-ist-schlecht«-Stimmung. Es bringt uns viel weiter, wenn wir die Aufmerksamkeit dorthin lenken, wo es funktioniert, und schauen: Warum funktioniert es?

Also: Verabschieden Sie sich besser (zumindest für das Thema Beziehung) von jammernden Mitmenschen. Gibt es Menschen in Ihrem Umfeld, die dafür sorgen, dass der Zweifel hinsichtlich eines zufriedenen Lebens im Allgemeinen und einer wunderbaren Beziehung im Besonderen an Ihnen nagt? Falls ja: Gehen Sie dem Negativismus dieser Menschen aus dem Weg. Schalten Sie einfach auf Durchzug und wenden Sie sich positiven Gedanken zu.

Schenken Sie Ihre kostbare Zeit lieber denjenigen, die eine optimistische und aufbauende Einstellung dem Leben und ihrer Beziehung gegenüber haben. Sie nähren die positive Energie in sich, indem Sie Erfolgsgeschichten von Menschen sammeln, bei denen es gut läuft.

Wünsch dir was!

Wenn Sie Ihre Beziehung mit drei ehrlichen Sätzen beschreiben sollten:
Was würden Sie sagen?

_____

_____

_____

_____

_____

_____

_____

Und nun mal Hand aufs Herz: Sind diese drei Sätze positiv formuliert?
Oder haben Sie das Negative benannt, wie beispielsweise:
– »Meine Beziehung ist unharmonisch.«
– »Ich fühle mich von meinem Partner nicht beachtet.«
– »Wenn mein Partner nicht immer nur an sich denken würde, wäre
    alles besser.«

Sie haben es ein paar Seiten weiter vorne bereits gelesen: Das, was wir oft
denken, glauben und uns vorstellen, wird irgendwann wahr. Das sollten
wir uns im positiven Sinne zunutze machen.
    Formulieren Sie doch ein paar Lieblingssätze, die Sie Ihrer Wunschbe-
ziehung zumindest gedanklich schon mal ganz nahebringen. Aber beachten Sie dabei ein paar Regeln:

1. Lassen Sie Worte wie »nicht«, »nie«, »kein« oder solche, die mit »un«
beginnen, weg. Denn wenn Sie sagen, was Sie nicht wollen, haben Sie
genau darauf Ihre Aufmerksamkeit gerichtet. Falsch wäre: »Ich will nicht
länger eine unharmonische Beziehung.« Richtig ist: »Meine Beziehung ist
harmonisch.« Oder: »Ich öffne mich für das, was in meiner Beziehung
harmonisch ist.«

2. Diese Worte sollten Sie im Zusammenhang mit Ihren Zielen streichen: »Ich will«, »Ich werde«, »Ich könnte«, »Ich wäre«, »Ich würde« oder »Ich sollte«. Natürlich wollen Sie eine großartige Beziehung. Doch wann soll sich dieser Wunsch realisieren? Im Jahr 2023? Oder ganz schnell? Formulieren Sie so, als wäre Ihr Wunsch bereits eingetreten, damit ganz deutlich wird, wo es langgehen soll. Wenn Sie in ein Taxi einsteigen, müssen Sie schließlich auch wissen, so Sie hin wollen, damit Sie dem Fahrer eine Anweisung geben können. Falsch wäre: »Ich will von meinem Partner beachtet werden.« Richtig ist: »Ich werde von meinem Partner beachtet.« Noch besser: »Mein Partner beachtet mich.« Am allerbesten: »Mein Partner schenkt mir die Aufmerksamkeit, die ich mir wünsche.«

3. Seien Sie klar in Ihrer Aussage. Falsch wäre: »Meine Beziehung ist gut.« Was bedeutet denn »gut« für Sie? Glücklich? Befriedigend? Es geht so? Richtig ist: »Meine Beziehung erfüllt mich.« Oder: »Mein Partner und ich führen eine beglückende Beziehung.« Ebenfalls ungünstig sind ellenlange Sätze wie: »Mein Partner geht auf mich ein, er bringt mir ab und zu Blumen mit, hütet die Kinder, wenn ich mich einmal die Woche mit meiner Freundin treffe, und hilft mir am Wochenende im Haushalt.« Besser sind kurze und klare Sätze: »Mein Partner geht auf mich ein.« »Mein Partner überrascht mich mit Blumen.« »Mein Partner übernimmt Verantwortung.« »Mein Partner unterstützt mich.«

Hüten Sie sich vor lauwarmen Sätzen und greifen Sie zu Worten, die Sie begeistern. Sie sollten eine Sehnsucht in Ihnen wecken, für ein Hochgefühl sorgen, Ihre Gefühle tanzen lassen. Wenn Sie Formulierungen haben, die das bewirken, sind Sie auf der richtigen Spur! Denn je leidenschaftlicher Ihr Wunsch ist und je besser Sie sich vorstellen und fühlen können, dass er sich erfüllt, desto eher werden Sie das, was Sie wollen, in Ihr Leben zaubern.

Zaubersätze

Wie gefallen Ihnen diese Sätze:
- ♥ Meine Beziehung ist von Tag zu Tag harmonischer.
- ♥ Ich fühle mich mit meinem Partner pudelwohl.
- ♥ Ich lebe die spannende (aufregende, lebendige, spritzige, entspannende, erfüllende, wunderbare) Beziehung, die ich mir schon immer gewünscht habe.
- ♥ Ich kann mit meinem Partner über alles reden.
- ♥ Mein Partner trägt mich auf Händen.
- ♥ Ich kann mich in meine Beziehung fallen lassen wie in ein daunenweiches Bett.
- ♥ Mein Partner und ich sind das perfekte Traumpaar.
- ♥ Ich verstehe mich mit meinem Partner super.
- ♥ Ich bin mit meinem Partner auf einer Wellenlänge.
- ♥ Ich fühle mich von meinem Partner geliebt und beschützt.
- ♥ Ich entscheide mich dafür, ab sofort eine erfüllende Beziehung mit meinem Partner zu leben.
- ♥ Ich bin bereit, das Positive in meiner Beziehung zu entdecken und zu fördern.
- ♥ Ich verdiene jetzt eine glückliche Partnerschaft.
- ♥ Mein Partner liest mir meine Wünsche von den Augen ab.

»Mein Partner« können Sie natürlich auch gegen »mein Mann«, »mein Liebster«, seinen Namen oder ein Kosewort tauschen.

Suchen Sie sich welche aus

Welche positiven Sätze gefallen Ihnen am besten und welche fallen Ihnen noch ein?

_____

_____

_____

_____

_____

_____

Ob du glaubst, du schaffst es, oder ob du glaubst, du schaffst es nicht – du hast immer recht.
Henry Ford,
Automobilhersteller

Lassen Sie sich davon überraschen, was passiert, wenn Sie sich Ihre Lieblingssätze täglich vorsagen. Morgens beim Aufwachen, abends vor dem Einschlafen und immer wieder zwischendurch. Verstärken können Sie die Wirkung, indem Sie die Sätze schreiben. Oder singen Sie sie doch mal. Damit stimulieren Sie Ihr Gehirn noch mehr.

So werden Wünsche wahr

Machen Sie Ihre Vorstellungskraft zu Ihrer Verbündeten: Suchen Sie sich unter Ihren Lieblingssätzen denjenigen aus, der Ihnen am allerbesten gefällt. Nehmen wir mal an, es ist der Satz: »Ich sehe meine Partnerschaft in strahlendem Licht.« Können Sie vor Ihrem inneren Auge sehen, wie Sie beide in diesem strahlenden Licht stehen und wie Sie aussehen, wenn Sie sich verliebt anlächeln?

Wenn Sie das, was Sie haben wollen, immer wieder bildlich vor sich sehen, werden Sie genau das auch bekommen. Dass Ihr Gehirn nicht zwischen Realität und lebhafter Vorstellung unterscheiden kann, können Sie sich zunutze machen: Erschaffen Sie immer wieder Visionen von dem, was Sie sich wünschen. Wenn es für Sie eine schöne Vorstellung ist, wie

Sie sich an die Brust Ihres Liebsten kuscheln, holen Sie dieses Bild vor Ihr inneres Auge. Sobald Sie *spüren* können, wie sicher und geborgen es sich anfühlt, sich an ihn zu schmiegen und seine Arme um sich zu haben, verstärken Sie die Wirkung, weil Sie das Gefühl mit dazu genommen haben. Wenn Sie nun noch *hören* können, wie er Ihnen ein paar Liebeserklärungen ins Ohr flüstert, ist der Sinnescocktail fast perfekt. Denn jetzt fehlen nur noch der Geschmack seiner Küsse und der Duft seiner Haut.

Malen Sie sich in den buntesten Farben aus, was Sie am liebsten hätten. In Ihrer Vorstellung ist alles erlaubt, selbst wenn es Ihnen noch so übertrieben erscheint. Leben Sie alles aus, was Ihnen ein- und gefällt. Sie sind schließlich Autorin und Regisseurin: Drehen Sie ganze Liebesfilme nach Ihrem Geschmack und sorgen Sie dafür, dass sie Ihr Herz für Ihren Liebsten schlagen lassen. Entwickeln Sie neue Ideen und überraschende Wendungen und träumen Sie sich Ihre Beziehung so, wie Sie sie haben wollen.

Schmetterlinge willkommen

Gehen Sie dabei in dieser Reihenfolge vor:
- Nehmen Sie Ihren Lieblingssatz.
- Stellen Sie sich ein Bild dazu vor.
- Lassen Sie schöne Gefühle entstehen, auch körperliche, wie Ihr stärker klopfendes Herz oder Ihre vor Aufregung zitternden Hände.
- Hören Sie, was Ihr Partner sagt und wie der Klang seiner Stimme ist.
- Wenn es passt, nehmen Sie Geschmack und Geruch mit in Ihre Vorstellung hinein.
- Drehen Sie einen ganzen Film: Greifen Sie zu einer Situation, die Sie gerne mit ihm erleben wollen, und stellen Sie sich vor, wie diese in Ihrem Sinne ablaufen soll.
- Nehmen Sie die letzte Einstellung und hüllen Sie diese in rosa Licht (Rosa kommt vom Herzen).

- Genießen Sie das Szenario und lassen Sie es los, damit es Energie anziehen und sich erfüllen kann.
- Bedanken Sie sich, als wäre das, was Sie sich gerade vorgestellt haben, schon Wirklichkeit.

Einer Frau ihren Herzenswunsch ausreden zu wollen, gleicht dem Versuch, den Niagarafall mit bloßen Händen zu stoppen.

Bob Hope, Schauspieler

Sollten negative Bilder, Gefühle oder Worte auftauchen, werfen Sie diese einfach raus. Wie das geht, lesen Sie gleich im Anschluss.

Je öfter Sie das Prozedere wiederholen, desto größer ist die Wahrscheinlichkeit, dass es Klick macht und Ihr Wunschbild zur Realität geworden ist.

Wenn Sie noch mehr wollen: Auf Seite 100 finden Sie unter **So klappt es besser** mehrere Übungen. Sagen Sie Ihren Satz vor sich hin und machen Sie die Übungen dazu.

Ganz ohne Stress

Die Gedanken daran, sich positive Dinge vorzustellen und dann noch einen Film zu drehen, stressen Sie, weil Ihre Beziehung derzeit alles andere als rosig ist? Sie können sich viel eher vorstellen, wie Sie sich mit ihm zanken, als sich an ihn zu schmiegen und ihn zu küssen? Dann machen Sie bitte diese Übung, um den Weg für die Erfüllung Ihres Traumes freizumachen:

Legen Sie sich bequem hin, atmen Sie tief ein und aus und legen Sie eine Hand auf Ihre Stirn, die andere an den Hinterkopf. Schließen Sie Ihre Augen und lassen Sie Bilder und Gefühle zum aktuellen Zustand Ihrer Beziehung hochkommen. Hören Sie dabei auf Ihre innere Stimme. Nehmen Sie sich so viel Zeit dafür, wie Sie brauchen, und hören Sie erst auf, wenn die Bilder verblassen und Sie tief und befreit Atem holen. Spülen Sie auch noch den letzten Rest an Stress weg, indem Sie sich vorstellen, dass Sie unter der Dusche stehen und das Wasser alles Negative herunterwäscht.

Wenn Sie Lust haben, machen Sie gleich noch einen weiteren Schritt: Stellen Sie sich eine Situation mit Ihrem Liebsten vor, so wie im Absatz zuvor beschrieben, und halten Sie dabei ebenfalls Ihre Stirn und Ihren Hinterkopf. Jedes Mal, wenn ein störendes Bild in Ihrem Film auftaucht, übermalen Sie es mit weißer Farbe. Sind es Geräusche oder Worte, stellen Sie einfach den Ton ab. Unangenehme Gefühle fangen Sie mit den Händen ein und knüllen sie ganz klein zusammen, bis sie sich aufgelöst haben.

Spielen Sie den Film bis zum Ende durch und lassen Sie dabei Ihre Hände auf der Stirn und am Hinterkopf liegen. Auch wenn wir uns etwas Positives vorstellen, kann Stress entstehen und der wird dadurch gleich entschärft.

Falls es Ihnen schwerfällt, innere Bilder zu sehen: In den Wochen 3 und 4 werden Sie viel dazu erfahren und am Ende finden Sie eine Übung, die Ihnen weiterhelfen kann.

Woche 3 und 4

Wer nicht hören will, darf fühlen!
Oder lieber sehen?

In diesen beiden Wochen gibt es sehr viel Spannendes bei Ihnen selbst und bei Ihrem Liebsten zu entdecken. Treten Sie ein in die faszinierende Welt des Neurolinguistischen Programmierens und staunen Sie.

Wünsch dir was!

Stellen Sie sich vor, eine Fee würde Ihnen ein perfektes Dinner mit dem Mann Ihrer Träume bescheren. Sie ganz allein dürften das Szenario bestimmen. Welche der folgenden Möglichkeiten würden Sie wählen? Lesen Sie bitte alle drei Szenarien durch und entscheiden Sie sich dann für die Beschreibung, die Ihrer Wunschvorstellung am nächsten kommt.

1. Sie sehen blendend aus in Ihrem kleinen Schwarzen, um den Hals eine auffällige Kette, die das Grün Ihrer Augen widerspiegelt. Der Mann an Ihrer Seite schaut verdammt männlich aus in seinem dunklen Anzug und er hat auf dem Weg zum Restaurant nur Augen für Sie. Am Eingang werden Sie vom Maître empfangen und während er Sie begrüßt, erhaschen Sie einen ersten Blick auf die elegante Einrichtung mit den weiß eingedeckten Tischen und den riesigen Blumengebinden in verschiedenen Lilatönen. Während Sie aus den Augenwinkeln die bewundernden Blicke der anderen Gäste wahrnehmen, schreiten Sie am Arm Ihres Liebsten an Ihren Tisch auf der Terrasse. Der Ausblick über die sanften grünen Hügel und den See mit seinen kleinen Segelbooten gleicht dem Bild eines wunderschönen Gemäldes ...

2. Die sonore Stimme Ihres Begleiters klingt wie leise Musik. Die Räder des Cabrios stimmen in das Lied mit ein. Es ist Sommer, in den Feldern zirpen die Grillen und Ihnen geht es fantastisch. Gleich werden Sie beim Restaurant ankommen. Doch bis es so weit ist, lauschen Sie den vielen Komplimenten, die sich Ton für Ton in Ihre Ohren schleichen. Als der Motor verstummt, hören Sie Wasserplätschern und Blätterrauschen. Ihr Liebster hat also nicht übertrieben, als er Ihnen mit wohlklingenden Worten die Vorzüge dieses lauschigen Plätzchens ins Ohr geflüstert hat. Auf der Terrasse herrscht Stimmengewirr, doch der Maître führt Sie an einen Platz, an dem Sie nichts weiter hören als das harmonische Gluckern des Wassers …

3. Sie spüren bei jedem Schritt seinen Arm, den er zärtlich beschützend um Ihre Schultern gelegt hat. Ihr Traummann führt Sie zu seinem Cabrio, öffnet die Tür und reicht Ihnen seine feste Hand, damit Sie bequem einsteigen können. Sie schmiegen sich genüsslich in den weichen Sitz, während Ihre Fingerspitzen sanft über das glatt lackierte Holz der Mittelkonsole streichen. Auf der Fahrt spielt der Wind mit Ihrem Haar, die Sonne küsst Ihre Haut und als Ihr Begleiter dann auch noch zart nach Ihrer Hand greift, fühlt sich das alles so traumhaft an, dass Ihr Herz vor Aufregung fast zerspringen möchte. Als Sie das gemütliche Restaurant betreten, schüttelt Ihnen der Maître zur Begrüßung freundlich die Hand und Sie gehen Arm in Arm mit Ihrem Traummann auf die Terrasse. Dort nehmen Sie auf weich gepolsterten Stühlen Platz …

Nun, welche Variante haben Sie gewählt?

Fiel es Ihnen schwer, weil Ihnen Teile aus allen drei Möglichkeiten gefallen haben? Oder konnten Sie gleich eindeutig sagen: Nummer soundso viel?
Dann will ich Ihnen jetzt die Auflösung verraten:
Wir alle nehmen Dinge mit unseren fünf Sinnen wahr: sehen, hören, fühlen, riechen, schmecken. Es gibt keinen Menschen, der nur sieht oder

hört oder riecht. Doch jeder strukturiert und verarbeitet Wahrnehmungen anders und jeder hat einen Sinneskanal, mit dem er seine Welt bevorzugt wahrnimmt.

- Ihre Wahl fiel auf Nummer 1: Dann sind Sie wahrscheinlich jemand, der vor allem über die Augen und das Sehen wahrnimmt.
- Ihre Wahl fiel auf Nummer 2: Dann sind Sie wahrscheinlich jemand, der vor allem über die Ohren und das Hören wahrnimmt.
- Ihre Wahl fiel auf Nummer 3: Dann sind Sie wahrscheinlich jemand, der vor allem über das Fühlen und Tun wahrnimmt.

Sie konnten sich aus jeder der drei Szenarien ein paar Rosinen herauspicken? Dabei hat Ihnen das Geruchs- und Geschmackserlebnis gefehlt? Sie waren sich nicht ganz sicher bei Ihrer Wahl?

Das liegt daran, dass Sie flexibel wahrnehmen können und deshalb offen sind für die Vielfalt dessen, was es zu entdecken gibt. Denn schließlich sind wir alle eine Mischung aus dem visuellen (sehen), auditiven (hören) und kinästhetischen (fühlen) Typ, kombiniert mit olfaktorischen (riechen) und gustatorischen (schmecken) Anteilen.

Wenn drei Menschen mit unterschiedlich dominanten Sinneskanälen eine Situation erleben, wird jeder von den dreien diese Situation ganz anders wahrnehmen: Der Erste sieht, der Nächste hört und der Dritte fühlt vor allem, was passiert ist. Jeder wird die Situation aus seinem inneren Erleben heraus beschreiben – in Bildern, Geräuschen oder Gefühlen und Körperwahrnehmungen – und dafür die Worte wählen, die seinem bevorzugten Sinneskanal entsprechen. Die Beschreibungen können sehr unterschiedlich sein und sich sogar widersprechen. Dennoch hat jeder recht. Denn in seiner inneren Welt ist die Situation so, wie er sie wahrgenommen hat.

Wird Ihnen bereits klar, wieso es für die Kommunikation mit Ihrem Partner wichtig ist, seine Sprache zu verstehen? Wenn Sie wissen, welcher Sinneskanal bei Ihnen ganz vorne steht, haben Sie den ersten Schritt getan.

Es folgen weitere Beispiele, damit Sie sich selbst – und Ihren Partner – sicherer einordnen können.

Jede mag es anders

Morgens in fünf Betten: Die eine blickt voll Freude auf den Tag, wenn die Sonne sie durch die Zweige der Bäume anlächelt (visuell). Die andere hört das Gezwitscher der Vögel, die schon seit dem Morgenrot munter vor sich hinpfeifen (auditiv). Die Nächste spürt, wie die warmen Sonnenstrahlen ihre Haut sanft streicheln (kinästhetisch). Die Vierte riecht den lieblichen Duft der Blumen, der am frühen Morgen besonders betörend ist (olfaktorisch). Die Letzte schmeckt schon die leckeren Kirschen der Frühstücksmarmelade auf ihrer Zunge (gustatorisch). Alle erleben dasselbe – den Beginn eines neuen Tages –, doch jede hat dafür ihren eigenen bevorzugten Sinneskanal.

Wie würden Sie am liebsten aufwachen?

_____

_____

_____

Womit bekommen Sie Ihren Partner am besten aus dem Bett?

_____

_____

Ich kaufe mir ein neues Kleid

Wenn eine visuell orientierte Frau sich ein neues Kleid kauft, will sie vor allem eins: klasse aussehen! Es darf ein wenig zwicken, es kann unpraktisch sein, aber wenn sie sich im Spiegel betrachtet und sieht, wie vorteilhaft es ihre Figur zur Geltung bringt, hat sie bereits die bewundernden Blicke ihres Partners vor Augen, wenn er sie abends zum Essen ausführt.

Die auditiv ausgerichtete Frau kann zum Opfer einer guten Verkäuferin werden: Wenn ihr gesagt wird, wie schlank und sexy sie aussieht und wie gut der Schnitt ihre Taille betont, oder wenn das Kleid gar noch aus raschelnder Seide ist, kann sie ihre Ohren nicht verschließen. Sie wird bereits die Komplimente hören, die ihr Partner ihr beim Abendessen ins Ohr flüstert.

Der kinästhetisch orientierten Frau ist das alles egal: Das Kleid muss bequem sein, es muss sich auf ihrer Haut gut anfühlen, sie muss hineinschlüpfen und sich darin einfach wohlfühlen können. Dann greift sie schnell zu. Denn sie kann bereits fühlen, wie sich das Kleid an sie schmiegt und ihre Haut streichelt, wenn sie am Abend mit ihrem Partner am Tisch sitzt.

Wenn Sie nun denken, es macht doch einen Unterschied, ob Sie zuhause herumgammeln, zur Arbeit müssen, zu einem Familienfest eingeladen sind oder mit Ihrem Partner ausgehen, haben Sie völlig recht! Doch denken Sie einmal darüber nach, wie Sie wählen, wenn es »darauf ankommt«, wenn Sie nämlich fantastisch aussehen, viele Komplimente hören oder gut rüberkommen wollen.

Auch in diesem Fall kommt die Mischung der verschiedenen Sinne durch. Doch was steht bei Ihnen ganz vorne? Sehen? Hören? Fühlen?

Hat es schon Klick gemacht? Oder sind Sie noch unsicher? Es ist sehr spannend, herauszufinden, wie Sie und Ihr Partner ticken. Bitte denken Sie allerdings immer daran, dass wir Menschen sehr komplexe Wesen sind. Deshalb werden Sie eine Zeitlang Augen, Ohren und Gefühl aufsperren müssen, um wirklich sicher zu sein.

Um klar zu sehen, genügt ein Wechsel der Blickrichtung.
Antoine de Saint-Exupéry, Schriftsteller

Hier kommen weitere Tipps, wie Sie sich selbst und Ihren Partner besser »erkennen« können.

Sagen Sie's in seiner Sprache

Ihr Liebster wird viel eher Augen, Ohren oder Gefühl für Sie und Ihre Worte öffnen, wenn Sie in »seiner Sprache« mit ihm kommunizieren. Sobald Sie die zu seinem bevorzugten Sinneskanal passenden Wörter wählen, sind Sie mit ihm auf der gleichen Wellenlänge (auditiv), sehen denselben Film (visuell) oder sitzen im selben Boot (kinästhetisch). So werden Sie viel besser nachvollziehen können, wie es in seinem Inneren aussieht (visuell), was ihm seine innere Stimme sagt (auditiv) oder wie er sich fühlt (kinästhetisch).

Wie das geht? Nachdem Sie nun eine Idee davon haben, welcher Sinneskanal Ihr Favorit ist – oder das vielleicht schon ganz genau wissen –, finden Sie heraus, welchen er bevorzugt (und überprüfen Sie gleichzeitig nochmals Ihre eigene Einschätzung).

Sehen, hören und fühlen Sie seine Sprachmuster: Achten Sie die nächste Zeit darauf, welche Worte oder Sätze Ihr Partner (und Sie selbst) gerne benutzt, und eignen Sie sich seine Sprache an, damit Sie ihn besser mit Ihren Worten erreichen. Damit Ihnen das besser gelingt, finden Sie ein paar Beispiele.

Aus dem Sprachschatz des visuell dominanten Typs

sehen	sichtbar	vorstellen
Bild machen	Durchblick	blicken
überschaubar	Überblick	Ausstrahlung
einsichtig sein	offenbaren	vorausschauend
Aussicht	beobachten	Klarheit
Einblick	Illusion	nachsichtig
bunt	zeigen	anschauen
Vision	fokussieren	betrachten
Szene	leere Leinwand	scheinen
Perspektive wechseln	klarmachen	vorhersehbar
illustrieren	überwachen	verschwommen

Ich tappe immer noch im Dunkeln.

In meinen Augen sieht das aber anders aus.

Ich sehe eine glänzende Zukunft für uns.

Davon kann ich mir ein Bild machen.

Du siehst blendend aus.

Das ist doch glasklar.

Ich sehe ein, dass ich etwas ändern muss.

Ich kann dir erst glauben, wenn ich es mit eigenen Augen gesehen habe.

An der Stelle hast du einen blinden Fleck.

Schau doch mal genauer hin.

Aus dem Sprachschatz des auditiv dominanten Typs

sagen	Radau	laut
Gras wachsen hören	poltern	taube Ohren
rufen	schreien	Stille
Bohnen in den Ohren	erklingen	wohlklingend
unüberhörbar	sprachlos	stumm
musikalisch	säuseln	ohrenbetäubend
sprachlos	lautlos	Rhythmus
Lärm	Akzent	Tonfall
Geräusch	monoton	betont
leise	fragen	melodiös
verständlich	harmonisch	anmerken

Wir sind auf einer Wellenlänge.

Er kann gut zuhören.

Ich höre, was du mir damit sagen willst.

Das klingt ja alles sehr plausibel.

Ins eine Ohr rein, aus dem anderen wieder raus.

Davon habe ich schon viel gehört.

Das hört sich komisch an.

Wenn du den richtigen Ton anschlägst, höre ich dir auch zu.

Sperr deine Lauscher auf.
Ich habe ein offenes Ohr für dich.

Aus dem Sprachschatz des kinästhetisch dominanten Typs

einfühlsam	sanft	gefühlvoll
kribbelig	berühren	zärtlich
liebevoll	sich fallen lassen	angespannt
fest auf dem Boden	sich geborgen fühlen	eingefroren
in Angriff nehmen	begreifen	handgreiflich
Druck	fest	locker
Stress	schwer	leicht
eisern	greifbar	anfassen
damit umgehen	Kontakt	warm
kratzig	Spannung	annehmen
halten	kompakt	solide

Da muss ich mich zuerst einmal hineinfühlen.
Dein Vorschlag fühlt sich gut an.
Ich kann mich für deine Ideen erwärmen.
Nimm mich fest in die Arme.
Deine Haut ist ganz zart.
Mein Herz klopft zum Zerspringen.
Die Verantwortung lastet schwer auf meinen Schultern.
Ich schwebe auf Wolke Nr. 7.
Wie man sich bettet, so liegt man.
Das ging mir durch Mark und Bein.

Mit allen Sinnen

Dann gibt es auch noch die Menschen, die über den Geruch (olfaktorisch) oder den Geschmack (gustatorisch) wahrnehmen. Da diese beiden Sinneskanäle selten stark ausgeprägt sind, nur ein paar Beispiele:

Aus dem Sprachschatz des olfaktorisch dominanten Typs

schnuppern	duftend	geruchlos
Nase rümpfen	in die Nase steigen	brenzlig
parfümiert	verraucht	frisch
guten Riecher haben	verduften	naseweis

Ich mag dich gerne riechen.
Dein Vorschlag stinkt zum Himmel.
Steck die Nase nicht in meine Angelegenheiten.
Ich kann doch nicht riechen, was du von mir willst.
Damit wirst du auf die Nase fallen.
Du duftest so gut wie eine frisch gemähte Wiese.

Aus dem Sprachschatz des gustatorisch dominanten Typs

guten Geschmack haben	schlürfen	probieren
bitter	süß	salzig
schmecken	den Mund voll nehmen	geschmacklos
auf der Zunge liegen	heiß	saftig

Da musst du in den sauren Apfel beißen.
Du schmeckst so lecker wie ein Stück Sahnetorte.
Du bist das Gelbe vom Ei.
Das war aber bitter!
Ich habe dich zum Fressen gern.
Ich habe Lust, dich zu vernaschen.

Mit welchem Sprachschatz können Sie sich am meisten anfreunden? Welche Begriffe benutzen Sie am meisten? Achten Sie ein paar Tage lang auf Ihre Sprache und notieren Sie, welche Worte aus den fünf obigen Bereichen Sie wählen:

_____

_____

_____

_____

Machen Sie dasselbe mit Ihrem Partner: Welche Worte aus den fünf beschriebenen Bereichen benutzt er am häufigsten?

_____

_____

_____

_____

Schau mir in die Augen …

Haben Sie schon einmal darauf geachtet, wo sich die Augen Ihres Liebsten hinbewegen, wenn Sie ihn etwas fragen? Schaut er nach oben? Oder lässt er die Augen erst einmal kreisen, um am Ende mit dem Blick nach unten zu landen? Sind Sie vielleicht genervt, wenn er Ihnen nicht direkt in die Augen schaut, wenn Sie sich mit ihm unterhalten?

Wenn Ihr Partner seine Augen oft nach oben bewegt, also sozusagen an der Decke nach einer Antwort sucht, ist wahrscheinlich sein visueller Sinneskanal stark ausgeprägt. Er hat innere Bilder vor sich. Schaut er nach links oben, sind es erinnerte Bilder, schaut er nach rechts oben, sind es Bilder, die er konstruiert.

Der auditiv dominante Typ wird seine Augen nach links bewegen, weil er sich an Klänge und Worte erinnert, oder nach rechts, wenn er sich überlegt, wie sich seine Antwort anhören würde.

Ihr Partner schaut überwiegend nach unten? Dann bevorzugt er den kinästhetischen Sinneskanal. Schaut er nach rechts unten, ist er in seinem Gefühlsbereich gelandet. Nach links unten richtet er seine Augen, wenn er sich mit sich selbst unterhält.

Wenn er geradeaus oder in die Ferne starrt, stellt er sich gerade etwas vor.

Was Sie eben gelesen haben, gilt für die meisten Rechtshänder. Wenn Ihr Partner Linkshänder ist, kann es sein, dass er genau umgekehrt schaut: beim Erinnern an Bilder nach rechts oben, beim Konstruieren nach links oben. Wenn er sich an Gehörtes erinnert, sieht er nach rechts, wenn der Klänge konstruiert, nach links. Schaut er nach links unten, ist er im Gefühlsbereich, rechts unten im inneren Dialog gelandet.

Der visuelle Typ   *Der auditive Typ*   *Der kinästhetische Typ*

Augenspielereien zu zweit

Durch bestimmte Fragen können Sie verschiedene Blickrichtungen provozieren. Dadurch können Sie bei Ihrem Partner (und er bei Ihnen) gleich mal überprüfen, was Sie in den Zeilen zuvor gelesen haben:

Sie sitzen Ihrem Partner gegenüber und stellen nachfolgende Fragen. In den Klammern ist die Blickrichtung angegeben, die die meisten Menschen einnehmen. Ihr Partner muss die Antworten nicht einmal aussprechen. Es reicht, wenn er kurz nickt, sobald er die Antwort hat.

◆ Fragen für die visuelle Erinnerung (Augen links oben):
  Wie hat dein erstes Auto ausgesehen?

Welche Frisur hatte deine Grundschullehrerin?
Welcher deiner Kollegen ist der größte?

◆ Fragen für die visuelle Konstruktion (Augen rechts oben):
Stell dir eine Landkarte vor, die auf dem Kopf steht:
Wo liegt Spanien?
Wie würde ich aussehen, wenn ich hüftlange lila Locken mit grünen
Strähnen hätte?
Wie würde es aussehen, wenn wir alle Fußböden schwarz und die
Decken orange streichen würden?

◆ Fragen für die auditive Erinnerung (Augen links):
Wie hört sich dein Lieblingslied an?
Wie hörte es sich an, als wir uns das letzte Mal laut gezankt haben?
Welche Töne gibt ein Auto von sich, wenn es nicht starten will?

◆ Fragen für die auditive Konstruktion (Augen rechts):
Wie würde es sich anhören, wenn dein Lieblingslied
mit doppelter Geschwindigkeit gespielt werden würde?
Welches Geräusch würde unser Fernseher machen, wenn du ihn aus
dem Fenster werfen würdest?
Wie würde es sich anhören, wenn du mit 500 km/h über die Auto-
bahn fahren würdest?

◆ Fragen für den inneren Dialog (Augen links unten):
Wie redest du mit dir, wenn dir etwas misslungen ist?
Was sagst du dir, wenn du aufgeregt bist?
Sing dein Lieblingslied im Stillen vor dich hin.

◆ Fragen für die Kinästhetik (Augen rechts unten):
Wie fühlt es sich an, wenn du meine eisigen Füße
wärmst?
Wie fühlt es sich an, wenn ich dir den Rücken kraule?
Wie fühlst du dich, wenn du ein 5-Gänge-Menü gegessen
hast?
War das Ergebnis wie erwartet? Oder hat es ganz und klar
nicht geklappt? Sie finden auf Seite 58 unter **Wenn Sinneskanäle blockiert sind** eine Erklärung dazu.

*Hört nur,
ich glaube,
ich rieche was!*
Dan Aykroyd,
Schauspieler

Erzähl mir ...

... vom ersten Urlaub, den du ohne deine Eltern verbracht hast. Oder: Erzähl mir von dem Haus, in dem du aufgewachsen bist. Oder: Erzähl mir vom ersten Arbeitstag deines letzten Jobs.

Lassen Sie sich von Ihrem Partner zu einem der drei Themen berichten. Vermeiden Sie, ihn aufzufordern, etwas zu sehen, zu hören oder zu fühlen. Sagen Sie einfach nur: »Erzähl mir von ...« Beobachten Sie dabei seine Augen: Schaut er vor allem nach oben, zur Seite oder nach unten? Welche Worte wählt er? Beschreibt er, wie der Strand ausgesehen hat, wie groß das Hotel war, wie er ausgesehen haben mag, als er zum ersten Mal auf dem Surfbrett stand (visuell)? Oder erzählt er von dem Lärm, da nebenan gerade gebaut wurde und er deshalb lieber am Strand schlief, weil das Meeresrauschen sich so beruhigend anhörte (auditiv)? Oder meckert er über das durchgelegene Bett und schwärmt davon, wie spannend die Spiele am Pool waren und wie schmerzhaft es sich anfühlte, als er einen Bauchplatscher landete (kinästhetisch)?

> *Es hört doch jeder nur, was er versteht.*
> Johann Wolfgang von Goethe, Dichter

Es wird Ihnen beim ersten Mal wahrscheinlich ein wenig schwerfallen, auf die Augen *und* die Sprache zu achten. Doch Sie können den Test ja erst einmal mit einer Freundin machen, bis die Übung Sie zur Meisterin gemacht hat.

Nie mehr aneinander vorbeireden

Hat es geklappt? Können Sie einschätzen, auf welchem Kanal Ihr Partner sendet? Wie ist es bei Ihnen selbst?

Wenn Sie beide den gleichen Sinneskanal bevorzugen, können Sie sich entspannt zurücklehnen, denn in diesem Fall ist Ihre Kommunikation um vieles leichter. Probieren Sie Ihre neuen Kenntnisse dennoch aus, auch mal bei anderen Menschen in Ihrem privaten oder beruflichen Umfeld.

Sie haben unterschiedliche Favoriten? Dann werden Sie ein wenig üben und immer wieder übersetzen müssen, was Ihr Partner meint oder

wie Sie ihm das, was Sie sagen wollen, in seiner Sprache näherbringen können. Super ist, wenn auch Ihr Partner sich die Liebesmühe einer zu Ihnen passenden Sprache macht. Sobald Sie ein Gefühl für alle Kanäle entwickeln, erweitern Sie Ihr Wahrnehmungsspektrum und können mit Sinn-vollen Worten spielen.

Wie sage ich's ihm richtig?

Das wirklich Bedeutungsvolle an der Kommunikation ist nicht die Absicht, sondern die Reaktion, die sie beim anderen hervorruft. Das kennen wir alle zur Genüge, dass wir in der besten Absicht handelten und etwas ganz anderes dabei herauskam, als wir wollten.

Ein paar Beispiele, wie Kommunikation zwischen unterschiedlichen Sinneskanälen gelingen kann:

◆ Sie sprechen mit Ihrem Partner über Ihre Gefühle (kinästhetisch) und er hat dabei seine Augen nach oben oder starr geradeaus gerichtet (visuell): Vergessen Sie's. Er sieht gerade innere Bilder. Warten Sie, bis er wieder mit seiner Aufmerksamkeit bei Ihnen ist und wechseln Sie dann in seine Bildersprache, um ihn zu erreichen. Beginnen Sie zum Beispiel mit: »Ich habe da eine Vision ...« oder »Schau doch mal, was ich dir zeigen will ...« und malen ihm die schönsten Bilder aus.

◆ Es nervt Sie gehörig, wenn er bei Auseinandersetzungen immer wieder Ihre Hand nehmen und halten will (kinästhetisch), statt Ihnen endlich mal in die Augen zu schauen (visuell)? Das passiert, wenn ein visueller Typ auf einen kinästhetischen trifft. Während in Ihrer Welt Bilder entstehen, braucht er den Körperkontakt, um sicher zu gehen, dass noch »alles in Ordnung ist«. Überlassen Sie ihm Ihre Hand und sprechen Sie davon, dass Sie mit ihm in Kontakt sein wollen oder dass Sie sich in seine Denkweise einfühlen werden.

◆ Sie schauen sich zusammen eine Wohnung an. Während Ihnen die lichtdurchfluteten Räume und der Blick auf die vielen Bäume (visuell) sofort ein klares JA entlocken, meckert er nur über den Lärm der Kirchenglocken (auditiv) von gegenüber. Ihren Argumenten, die für das Tageslichtbad und den schönen Fußboden sprechen, wird er sich widersetzen, weil er nur daran denkt, wie er am einzigen Tag in der Woche, an dem er ausschlafen kann, mit ohrenbetäubendem Lärm wachgerüttelt wird. Jetzt hilft nur noch, dass Sie ihm das von der Lärmquelle am weitesten entfernte Zimmer als besonders ruhiges Schlafzimmer anpreisen, von der hörbaren Stille sprechen, sobald die Glocken verklungen sind, und blitzschnell Ohrstöpsel aus Ihrer Handtasche zaubern.

Woran würden Sie es merken?

Gleich am Anfang des Buches, unter **Was darf's denn sein?** (siehe Seite 23), habe ich Sie aufgefordert, die Backzutaten für Ihre liebste Beziehung aufzuschreiben. Nehmen wir mal an, eine Ihrer Zutaten sei Zärtlichkeit. Wenn ich Sie nun – nachdem Sie einiges mehr wissen – frage: Woran würden Sie denn merken, dass Ihnen Ihr Partner Zärtlichkeit schenkt – was würden Sie antworten?

Sie finden diese Frage seltsam? Der Grund, sie zu stellen: Manchmal sind wir so verbissen hinter einer bestimmten Sache her, dass wir »vor lauter Bäumen den Wald nicht mehr sehen«. Das heißt, Sie haben in Ihrer Beziehung vielleicht schon das eine oder andere erreicht, was Sie sich wünschen, und merken es gar nicht, weil Sie einfach zu sehr daran gewöhnt sind, dieser Sache hinterherzujagen. Oder Sie wünschen sich, dass Ihr Partner sich verändert, und bemerken gar nicht, wenn er es endlich tut, weil das Bild, wie er ist (bzw. war), sich so fest in Ihr Bewusstsein gegraben hat, dass gar kein Platz für neue Bilder (oder Töne, Gefühle) ist. Es könnte ja auch sein, dass Ihr Partner aufgrund eines anderen bevorzugten Sinneskanals Zärtlichkeiten auf eine Art und Weise zeigt, die an Ihnen vorbeigeht.

Deshalb: Schauen Sie bitte nochmals auf Ihre Backzutatenliste und überprüfen Sie, ob vielleicht eine davon schon in Ihr Leben getreten ist, ohne dass Sie sie wahrgenommen haben.

Er sagt, er liebt Sie …

Aber Sie nehmen das nicht wirklich wahr? Weil seine Worte nicht bei Ihnen ankommen? Weil Sie es nicht sehen können? Weil Ihr Gefühl nicht angesprochen wird?

♥ Wenn Sie ein visueller Typ sind, wollen Sie *sehen,* dass er Sie liebt. Doch woran werden Sie das beobachten? Wie soll er Sie dabei ansehen? Soll er lächeln? Breit über das ganze Gesicht grinsen? Soll er dabei die Arme ausbreiten? Den Kopf schräg oder gerade halten? Anders stehen oder sitzen?

Schauen Sie auf vergangene innere Bilder: Wie hat er ausgesehen, als es für Sie offensichtlich war, dass er Sie liebt? Wie müsste er es Ihnen jetzt zeigen?

♥ Sie sind vor allem auditiv? Dann wollen Sie *hören,* dass er Sie liebt. Wie genau muss es sich denn anhören? Wie muss seine Stimme klingen? Hoch oder tief? Begeistert, sanft oder ganz zart? Muss er die Worte anders betonen? Muss er den Rhythmus verändern? Oder die Lautstärke?

Hören Sie in sich hinein: Wie hat er mit Ihnen gesprochen, dass es für Sie hörbar war, dass er Sie liebt? Wie müsste er jetzt mit Ihnen sprechen?

♥ Wenn bei Ihnen das Kinästhetische überwiegt, wollen Sie *fühlen,* dass er Sie liebt. Wie soll er mit seinen Gefühlen umgehen, damit es für Sie passt? Mit welcher Berührung könnte er mit Ihnen in Kontakt kommen? Muss er einfühlsamer sein? Brauchen Sie mehr Wärme? Soll er Sie öfter in den Arm nehmen? Sie einfach nur festhalten? Fühlen Sie in sich hinein!

Machen Sie eine Zeitreise: Wann haben Sie das letzte Mal so richtig gespürt, was er für Sie empfindet? Was muss er tun, damit er Sie berührt?

♥ Natürlich kann es sein, dass Sie auch hierbei eine Mischung aus sehen, hören, fühlen inklusive riechen und schmecken bevorzugen: Er soll sich extra für Sie in Schale werfen, Sie mit seinen Augen auffressen (visuell), Ihnen bei leiser Musik Liebkosungen ins Ohr flüstern (auditiv), Sie ganz fest in seine starken Arm nehmen und Sie spüren lassen, dass er Sie nie wieder loslassen wird (kinästhetisch), während der Duft seines Parfums in Ihre Nase steigt (olfaktorisch) und Sie seine Küsse auf Ihren Lippen schmecken (gustatorisch).

Doch bevor Sie ihn mit zu vielen Wünschen auf einmal überfordern: Zeigen oder sagen Sie ihm eins nach dem anderen, wie er es machen soll, oder lassen Sie es ihn fühlen, damit er weiß, womit er Sie glücklich machen kann.

Danach ist er dran, Ihnen zu verraten, welche Liebeserklärung ihn am meisten verzaubert.

Heute verführe ich dich, mein Liebster
... nach allen Regeln der Sinneskunst

Mancher Mann lässt sich um den Finger wickeln, wenn sie ihm ein paar Unanständigkeiten ins Ohr flüstert. Andere liegen ihrer Liebsten zu Füßen, wenn sie mit verführerischen Dessous gelockt werden. Der Nächste lässt sich am liebsten durch ein paar Berührungen betören. Dann gibt es den Mann, der einem aphrodisierenden Duft nicht widerstehen kann, und denjenigen, bei dem die Liebe durch den Magen geht.

Schauen wir uns die einzelnen Männer doch mal genauer an:

♥ Dem visuellen Typ werden die Augen übergehen, wenn er die Wohnungstür öffnet, ihm eine Straße aus Kerzen den Weg ins Schlafzimmer weist, wo ihn dieses Bild erwartet: Sie, im reizvollen schwarzen Negligée, mit halterlosen Strümpfen und High Heels, sich auf dem Bett räkelnd, ihn mit einem herausfordernden Blick und einem lasziven Lächeln auf den roten Lippen zu sich lockend.

♥ Der auditive Typ wird seinen Ohren nicht trauen, wenn er die Wohnungstür öffnet und *Je t'aime* von Jane Birkin und Serge Gainsbourg erklingt, Sie ihn sich gleich hinter der Tür schnappen, ihm die Augen verbinden, ihn ins Schlafzimmer entführen, ihn hören lassen, wie Sie ein raschelndes und klickendes Kleidungsstück nach dem anderen ablegen und ihm dabei eine ganz und gar unanständige Geschichte erzählen.

♥ Für den kinästhetischen Typ kippen Sie die Stromsicherungen nach unten, bevor er die Wohnung betritt, damit er dahinschmelzen kann, wenn Sie sich – nackt – in völliger Dunkelheit an ihn schmiegen, seine Hände nehmen und ihn fühlen lassen, was er nicht sehen darf, ihn mit sich auf den Boden ziehen, wo Sie eine Lagerstätte ausgebreitet haben, ihm die Kleider vom Leib reißen und mit ihm ins Meer des Fühlens eintauchen.

Ganz perfekt wird es, wenn Sie aus allen drei Varianten das Beste für Sie beide herauspicken und damit ein buntes, klangvolles und prickelndes Feuerwerk für alle Sinne zünden. Um Ihre Verführungskunst zu komplettieren, sollten Sie dazu ein sinnliches Jasmin-, Ylang-Ylang- oder Sandelholz-Öl wählen und Körperschokolade nehmen, mit der Sie ausgewählte Stellen einpinseln, um sie sich gegenseitig genüüüsslich abzulecken.

Und als Nächstes sollten Sie Ihrem Partner zeigen, sagen oder ihn fühlen lassen, was er tun muss, um Sie mindestens genauso schön zu verführen.

Wenn Sinneskanäle blockiert sind

Manchmal passieren in unserem Leben Dinge, die so unangenehm für uns sind, dass wir nicht nochmals hinsehen können und deshalb (unbewusst) vermeiden, unsere Augen nach links oben zu bewegen, weil wir uns in dieser Augenstellung an schlimme Bilder erinnern könnten. Oder aber wir haben negative Gefühle oder Körperwahrnehmungen erlebt, die wir tief in unserem Inneren unter Verschluss halten. Weil wir damit nicht nochmals in Kontakt kommen wollen, weichen wir dem Blick nach rechts unten in unseren Gefühlsbereich aus. Dasselbe gilt für Geräusche oder Wörter, an die wir uns nicht mehr erinnern wollen, und deshalb geht unser Blick nicht nach links.

Das Fatale daran: Diese Dinge existieren weiterhin in unserem Innern und beeinflussen uns, auch wenn wir sie ausblenden, überhören oder verdrängen und sie somit bewusst nicht mehr wahrnehmen.

So kann es sein, dass Sie mit Ihrem neuen Wissen experimentieren wollen und enttäuscht feststellen, dass Sie keine aussagekräftige Antwort über die Blickrichtungen Ihres Gegenübers bekommen. Denn obwohl Sie ihm beispielsweise Fragen gestellt haben, bei deren Beantwortung sich die Augen nach oben links hätten bewegen müssen, damit er eine visuelle Erinnerung abrufen kann, schaut er dort einfach nicht hin (auch nicht nach rechts oben, falls er zu den Menschen gehört, bei denen die Blickrichtungen genau anders herumliegen). Er tut das (unbewusst) nicht, weil er schmerzliche Erinnerungen vermeiden will.

Solche Blockaden gehören in die Hände einer Therapeutin, die mit Neurolinguistischem Programmieren und/oder Kinesiologie arbeitet. Ein traumatisches Erlebnis kann dahinterstecken, und würde man denjenigen zwingen, dorthin zu schauen, könnte ihn die Erinnerung an die gespeicherten Bilder überwältigen.

Dennoch möchte ich Ihnen eine einfache Technik vorstellen, die derartige Blockaden lösen kann und die Sie für sich selbst anwenden können, wenn Sie mit viel Achtsamkeit und Feingefühl an die Sache herangehen.

Sinneskanäle freischalten

Für diese Arbeit müssen Sie zu zweit sein: Nehmen wir mal an, Sie wollen die Technik – gemeinsam mit einer vertrauten Freundin – bei Ihnen beiden anwenden und Sie sind diejenige, die die Korrektur zuerst einmal an Ihrer Freundin durchführt.

1. Schritt: Emotionale Stressreduzierung

Ihre Freundin setzt sich bequem in einen Sessel. Sie legen eine Hand auf die Stirn und die andere Hand an den Hinterkopf Ihrer Freundin. Jetzt ermuntern Sie sie, darüber nachzudenken, welche unangenehmen Ereignisse aus ihrer Erinnerung hochkommen könnten. Ihre Freundin kann darüber sprechen oder auch nur Gedanken, Erinnerungen und Gefühle kommen und gehen lassen. Geben Sie ihr so viel Zeit, wie sie braucht, und halten Sie währenddessen ganz sanft ihren Kopf. Wenn Ihre Freundin für den nächsten Schritt bereit ist, soll sie Ihnen ein Zeichen geben.

2. Schritt: Emotionale Stressreduzierung in allen Sinneskanälen

Nun hält Ihre Freundin selbst Stirn und Hinterkopf, Sie stehen vor ihr und malen langsam mit überkreuztem Zeige- und Mittelfinger einen großen Kreis von oben nach rechts beginnend in die Luft. Ihre Freundin folgt Ihren Fingern mit den Augen. Bitte achten Sie darauf, dass sie Ihren

sich langsam bewegenden Fingern auch wirklich folgt. Sollte sie eine Stelle überspringen oder irgendwo blinzeln, gehen Sie mit Ihren Fingern an diese Stelle zurück, damit Ihre Freundin auch wirklich hinschaut. Malen Sie einen zweiten und dritten Kreis in die Luft, bevor Sie die Richtung ändern und nochmals drei langsame Kreise linksherum malen.

Sobald Ihre Freundin mit den Augen an einer »heiklen Stelle« gelandet ist, kann es sein, dass bei ihr unangenehme Bilder, Worte, Geräusche, Gefühle oder Körperwahrnehmungen auftauchen. Dadurch, dass sie aber gleichzeitig mit ihren Händen Stirn und Hinterkopf berührt, wird der Stress, den sie bei diesen Erinnerungen hat, gleich abgelöst.

An dieser Stelle können Sie die Korrektur nach Belieben beenden oder weitergehen zu Schritt 3.

3. Schritt: Energie für die Sinneskanäle

Ihre Freundin sucht mit ihren Fingerspitzen die leichten Vertiefungen, die sich unterhalb des Schlüsselbeins und links und rechts des Brustbeins befinden. In eine Vertiefung legt sie Zeige- und Mittelfinger, in die andere den Daumen ihrer rechten Hand. Die linke Hand legt sie auf ihren Bauchnabel.

Sie malen erneut mit gekreuztem Zeige- und Mittelfinger Kreise in die Luft: jeweils einmal langsam rechts- und linksherum. Dabei achten Sie darauf, dass Ihre Freundin überall hinschaut. Falls sie blinzelt, gehen Sie mit Ihren Fingern nochmals an die Stelle zurück.

Dann wechselt Ihre Freundin die Hände, sodass die linke Hand unterhalb des Schlüsselbeins und die rechte Hand auf dem Bauchnabel liegt. Wiederholen Sie die Übung.

Sie haben die Wahl

Nach dieser Korrektur werden Sie wieder die Wahlmöglichkeit haben, alle Blickrichtungen einnehmen zu können, ohne dass Stress entsteht. Manchmal ist es nötig, die Übung zu einem späteren Zeitpunkt nochmals zu wiederholen oder sie wieder anzuwenden, wenn es darum geht, den Stress auf ein bestimmtes Thema/Ereignis abzubauen. Probieren Sie es einfach aus. Solange Sie liebevoll und bewusst bei der Sache sind und dabei immer Stirn und Hinterkopf gehalten werden, wird ein gutes Ergebnis herauskommen.

Zwei weitere Möglichkeiten, Teil 3 dieser Übung einzusetzen:

1. Sie schalten den visuellen Lernstil ein: Alles, was Sie jetzt mit den Augen aufnehmen, werden Sie besser verstehen, abspeichern und erinnern können. Dabei ist es egal, ob es sich um Lernstoff handelt oder um Dinge, die mit Ihrem Partner zu tun haben.

2. Positive Glaubenssätze (siehe Seite 35) werden sehr viel schneller verinnerlicht, wenn Sie die Sätze aussprechen, während Sie die Übung machen.

Anker werfen

Wenn Sie mit Ihrem Liebsten gerade eine außergewöhnlich schöne Situation erleben ... sollten Sie die Gelegenheit beim Schopf packen und die guten Gefühle verankern! Was verankern bedeutet: Sie hören eine Melodie und denken an den ersten Tanz mit ihm. Sie gehen durch den Hausflur und auf einmal steigt Ihnen ein Duft in die Nase wie damals, als Ihre Großmutter Marmorkuchen gebacken hat. Sie schauen Urlaubsfotos an und bekommen gleich gute Laune. In allen drei Fällen haben Sie verankert: Durch das Hören, Riechen und Sehen haben Sie sich an angenehme Situationen erinnert und sich dadurch wohlgefühlt.

Genauso gibt es negative Anker: das Geräusch des Bohrers beim Zahnarzt, die Farbe Rot, weil Sie dadurch an schlechte Schulnoten erinnert werden, oder wenn jemand Sie an einer bestimmten Stelle des Oberarms berührt, an der Sie vor Jahren bei einem Unfall verletzt wurden.

Die Möglichkeit des Ankerns können Sie ganz bewusst nutzen. Wenn Sie sich so richtig wohl mit Ihrem Partner fühlen: Reiben Sie Ihr Ohrläppchen, fahren Sie sich mit der Hand durchs Haar, tippen Sie auf den Knöchel Ihres linken Zeigefingers, falten Sie die Hände, kratzen Sie sich am Kopf … Was genau Sie tun, ist egal. Aber mit der Bewegung bzw. Berührung wird das gerade vorhandene Gefühl an dieser Stelle gespeichert. Je öfter Sie das an derselben Stelle machen, desto sicherer und intensiver ist es verankert. Das ist so, wie wenn Sie immer wieder etwas in ein Gefäß hineingeben, bis es randvoll gefüllt ist.

Was Sie damit machen sollen? Wenn es Ihnen nicht gut geht, weil Sie an Ihrem Partner, an seinen Gefühlen oder an der Beziehung zweifeln: Reiben Sie Ihr Ohrläppchen, fahren Sie sich mit der Hand durchs Haar … und lassen Sie das angenehme Gefühl (auch Bilder und Geräusche), das Sie dort verankert haben, hochsteigen. Und schon geht es Ihnen wieder besser!

Dasselbe können Sie auch bei Ihrem Liebsten machen. Suchen Sie eine Stelle aus, an der Sie ihn auch in der Öffentlichkeit unauffällig anfassen können. Verankern Sie positive Gefühle und wenn er mal wieder so gar kein Verständnis für Sie hat, sehr schlecht gelaunt ist oder nach einer anderen Frau schaut – fassen Sie an die Ankerstelle, damit er wieder ganz bei Ihnen ist …

Woche 5
Erwartungen, Bedürfnisse und Missverständnisse

Kennen Sie die Geschichte des Ehepaars, das sich jeden Morgen das Frühstücksbrötchen teilt? Er bekommt immer die obere Hälfte, sie die untere. Er denkt, er macht ihr damit eine Freude, wenn er ihr den unteren Teil gibt, sie opfert ihre Hälfte, um ihm einen Gefallen zu tun. Erst nach vielen Ehejahren stellen sie fest, dass jeder viel lieber die jeweils andere Hälfte des Brötchens gegessen hätte. Mit Reden wäre das nicht passiert ...

Schweigen ist Silber, Reden ist Gold

Sie rennt in der Mittagspause zum Feinkostladen, um ihn am Abend mit Leckereien zu verwöhnen, fühlt sich davon aber gleichzeitig überfordert. –

Er wäre schon mit ein paar Schnittchen zufrieden oder würde sie viel lieber entspannt zum Essen ausführen.

Er gibt sich große Mühe, abends rechtzeitig zuhause zu sein, weil er glaubt, sie würde das erwarten. – Sie fände es besser, wenn er erst später käme, denn dann könnte sie in aller Ruhe ihre Dinge erledigen.

Typischer Fall von Missverständnissen, die erst dann entstehen, wenn Menschen nicht sagen, was sie sich wünschen.

Wie steht es bei Ihnen? Haben Sie mit Ihrem Partner schon einmal darüber geredet, welche gegenseitigen Erwartungen Sie haben? Ein offenes Gespräch kann für viel Entspannung sorgen.

Wenn Sie zuvor für sich klären, welches Ihre Erwartungen sind, machen Sie es Ihrem Partner leichter, mit seinen herauszurücken. Notieren Sie, was Ihnen zu den Bereichen Berufsleben, Freizeitgestaltung und gemeinsame Pflichten einfällt:

_____

_____

_____

_____

_____

_____

Typisch weiblich, typisch männlich

Jede Frau hat männliche Anteile, jeder Mann weibliche. Wir tragen immer beides in uns. Doch die Mischung macht, wie männlich ein Mann und wie weiblich eine Frau ist. Wir kennen ja alle das Beispiel vom weibischen Mann, der gefühlsbetont ist, und der herrischen Frau, die die Hosen trägt.

Finden Sie heraus, wie das Mischverhältnis bei Ihnen selbst und bei Ihrem Partner ist. Mehr Selbstverständnis und mehr Wissen über das Strickmuster des Partners sorgen dafür, dass Sie manche Verhaltensweisen, die Ihnen bisher wie ein Buch mit 7 Siegeln erschienen sind, besser nachvollziehen können. Zudem ist es eine sehr spannende Sache, das herauszufinden.

Ein paar typisch weibliche Eigenschaften: zurückhaltend, mitfühlend, zärtlich, interessiert an anderen, hilfsbereit, anlehnungsbedürftig, fürsorglich, emotional, freundlich, taktvoll, sicherheitsbedürftig, harmonieorientiert, sanft, nährend, weich, verständnisvoll, interessiert am Gesamtbild, nachgiebig, anpassungsfähig, hingebungsvoll, sich öffnend, sozial.

Ein paar typisch männliche Eigenschaften: mutig, kämpferisch, aktiv, sachlich, selbstbezogen, distanziert, rational, aggressiv, dominant, selbstbehauptend, emotional kontrolliert, verschlossen, hart, interessiert am Detail, visionär, draufgängerisch, zielstrebig, forsch, schöpferisch, führend, entschlossen, strukturiert.

Nehmen Sie sich mehrere Tage Zeit, um immer wieder Ihrer beider Verhalten zu reflektieren, damit Sie am Ende sagen können: Ich bin zu soundso viel (geschätzten) Prozent weiblich und er ist zu soundso viel (geschätzten) Prozent männlich.

Je nach Kombination werden Sie mehr oder weniger Reibungspunkte mit Ihrem Partner haben. Klassisch ist: Sie sind sehr weiblich und er ist sehr männlich. Zweimal viel Weiblichkeit erhöht das gegenseitige Verständnis, könnte jedoch dazu führen, dass Sie hin und wieder den nötigen Biss bei Ihrem Partner vermissen. Zweimal viel Männlichkeit kann zu Rivalitätskämpfen führen. Wenn Sie stark männlich geprägt sind und Ihr Partner stark weiblich, werden Sie das Sagen in der Beziehung haben. Solange Sie beide sich damit wohlfühlen, ist das prima.

Die Liebe ist wie eine Brennnessel: Der Mann fasst sie hart an und sie verletzt ihn nicht. Die Frauen erfassen sie zaghaft und sie fühlen das brennende Gift.
Moritz Gottlieb Saphir, Satiriker, Journalist

Je mehr männliche Anteile Ihr Partner hat, desto eher braucht er eine klare Sprache. Verlassen Sie sich lieber nicht darauf, dass er Ihnen die Wünsche von Ihren Augen abliest. Sagen Sie ihm einfach, was Sie von ihm wollen.

Je weiblicher er ist, desto eher wird er sich in Ihre Gefühlswelt begeben und Sie verstehen können. Bei ihm dürfen Sie auch zur umschreibenden weiblichen Sprache greifen.

Bedienungsanleitung für SIE

Für alles, was wir uns neu anschaffen, bekommen wir eine Bedienungsanleitung, ob das der Fernseher, das Telefon oder die Waschmaschine ist. Aber wenn es um den neuen Partner geht, tappen wir im Dunkeln. Sie können jetzt natürlich sagen: Das sind ja schließlich technische Geräte, die nur in einer bestimmten Art und Weise funktionieren. Aber ist das bei Menschen denn so viel anders?

Wäre es nicht eine riesige Erleichterung, wenn Sie wüssten, wie Ihr Partner tickt, ohne das immer selbst herausfinden zu müssen?

Je nachdem, wie lange Sie schon mit ihm zusammenleben, haben Sie viele Dinge schon erkundet. Dennoch wird es Ihnen hin und wieder passieren, dass Sie vor dem Mythos Mann im Allgemeinen und Ihrem Partner im Besonderen kapitulieren.

Andererseits: Wie wäre es, wenn Sie ihm eine Anleitung für Sie geben würden? Vielleicht würde Ihr Partner im ersten Moment ungläubig den Kopf schütteln, wenn Sie ihm die Gebrauchsanweisung bei einem netten Abendessen mit Kerzenschein präsentieren. Aber ganz still und leise wäre er vielleicht dankbar dafür, denn die Geschöpfe vom Mars sind oft verunsichert, weil sie nicht wissen, was wir Venus-Frauen eigentlich von ihnen wollen.

Schreiben Sie auf, was er vermeiden sollte, womit er Ihnen eine kleine Freude machen könnte, was Sie meinen, wenn Sie dieses oder jenes durch die Blume sagen und, und, und …

So könnte die Anleitung aussehen

Was wir nicht wollen, wissen wir meist recht gut. Doch wenn wir formulieren sollen, was wir uns stattdessen wünschen, wird es schwierig. Eine Bedürfnisklärung bringt ein wenig Ordnung in Ihre Gedanken- und Gefühlswelt. Damit Ihnen das leichter fällt, ein paar Anregungen für eine typisch weibliche Anleitung:

♥ Gib mir das Gefühl, dass du mich liebst, indem du mir zuhörst und mich ernst nimmst, wenn ich von meinen Sorgen, Plänen oder Gefühlen erzähle.

♥ Sag nicht, dass es warm ist, wenn ich fühle, dass es kalt ist. Wenn du das tust, habe ich das Gefühl, von dir nicht wahrgenommen zu werden. Antworte lieber mit: »Soll ich die Heizung aufdrehen?« oder »Soll ich dir eine Jacke holen?« oder nimm mich einfach in den Arm und wärme mich.

♥ Mach mir öfter Komplimente für mein Aussehen. Dann weiß ich, dass du es auch merkst und dass es sich lohnt, wenn ich mich für dich schön mache.

♥ Bohr bitte nach, wenn ich sage, dass ich nichts habe, weil ich das gerade dann sage, wenn ich zu wenig Aufmerksamkeit von dir spüre.

♥ Wenn du mich ausschließlich dann küsst, wenn du mit mir schlafen willst, verliere ich die Lust auf deine Küsse (und darauf, mit dir zu schlafen).

♥ Auch wenn du der Meinung bist, ich wüsste, dass du mich liebst: Ich muss es einfach öfter hören, sehen und spüren, um mir deiner Gefühle sicher zu sein und mich wohl mit dir zu fühlen.

♥ Wenn ich mich bei dir ausheule, dann will ich keine Ratschläge, sondern von dir getröstet und in den Arm genommen werden. Wenn ich Ratschläge von dir brauche, frage ich dich danach.

♥ Wenn du anderen Frauen hinterherschauen willst, tu das, wenn ich nicht an deiner Seite gehe. Es verletzt mich, wenn ich glauben muss, dass fremde Frauen mehr Aufmerksamkeit von dir bekommen als ich.

♥ Zeige mir, dass du mich liebst, indem du mich wie jemand Wichtiges und Kostbares behandelst und mir das Gefühl gibst, etwas Besonderes zu sein.

♥ Wenn ich abends nachhause komme, gib mir bitte 10 Minuten Zeit, um mich bei dir oder einer Freundin auszujammern, mich umzuziehen, mir die Lippen nachzuziehen oder Luft zu holen, bis ich für dich da sein kann.

♥ Lies mir ab und zu einen Wunsch von den Augen ab. Wenn du das nicht kannst, dann schau hier nach:
Ich liebe es, wenn du
  – mir samstags Blumen vom Markt mitbringst,
  – mir abends die Füße massierst,
  – mich mit einem spannenden Buch überraschst,
  – mich grundlos zum Essen ausführst,
  – nach der Party die Wohnung putzt.

> *Richtig verheiratet ist erst der Mann, der jedes Wort versteht, das seine Frau nicht gesagt hat.*
> Alfred Hitchcock, Filmregisseur und Autor

Habe ich Sie genügend motiviert und inspiriert, gleich mal ein paar Punkte für Ihre ganz persönliche Anleitung aufzuschreiben?

Damit du mich besser verstehst, mein Liebster ♥

♥ _____

♥ _____

♥ _____

♥ _____

♥ _____

♥ _____

♥ _____

♥ _____

♥ _____

Bedienungsanleitung für IHN

Nachdem Sie ihm die Anleitung präsentiert haben, darf er auch Ihnen das Leben mit seiner Gebrauchsanleitung erleichtern.

Falls er keine Lust dazu hat, sich Gedanken darüber zu machen, hier ein paar Tipps, was der typisch männliche Mann mag bzw. nicht mag:

♥ Er löst seine Probleme lieber allein. Sie sollten ihm zutrauen, dass er das auch kann.

♥ Er bittet um Hilfe, sobald er welche braucht. Sollte er das nicht tun, sollten auch Sie nichts tun.

♥ Er braucht Zeit für seine Interessen wie Sport, Technik, Autos …
Sie sollten ihm deshalb kein schlechtes Gewissen machen.

♥ Er liebt das Gefühl, autonom zu sein und alles allein zu können. Bestärken Sie ihn darin und sein Herz gehört Ihnen.

♥ Er braucht das Gefühl, von Ihnen geschätzt und gebraucht zu werden. Genießen Sie die Hilfe und Unterstützung, die er Ihnen anbietet.

♥ Er kann es nicht ertragen, wenn Sie ihm Vorhaltungen machen. Das erinnert ihn zu sehr an seine Mutter. Wollen Sie diese Rolle wirklich haben?

♥ Er will in seiner Kompetenz nicht angezweifelt werden. Lassen Sie ihn ab und zu Ihr Held sein.

♥ Er braucht Ihr Lob, Ihre Anerkennung und Dankbarkeit. Geben Sie ihm, was er braucht, auch wenn Sie der Meinung sind, er habe es nicht verdient.

♥ Falls er es einfach nicht hinbekommt, über seine Gefühle zu reden: Akzeptieren Sie das, denn Sie werden es auf Teufel komm raus nicht ändern können. Vielleicht *zeigt* er Ihnen oder lässt es Sie *spüren,* dass er Sie liebt? Für das Analysieren haben Sie ja immer noch Ihre Freundinnen.

Mehr dazu finden Sie unter **Woche 7: Strategien** auf Seite 83.

Ein Vertrag für Ihre Liebe

In jeder Beziehung gibt es ungeschriebene Gesetze. Über einige wird offen gesprochen, andere sind einseitig, weil sie nur einer der beiden Partner kennt. Dann gibt es noch welche, die allen beiden nicht bewusst sind.

Mann und Frau erwarten, dass der andere Dinge weiß und dass Rücksicht auf Befindlichkeiten genommen wird oder dass Bereiche funktionieren, über die noch nie gesprochen wurde. Wie soll das gehen?

Würden wir die wichtigen Dinge unseres Beziehungslebens schriftlich in einem Vertrag auf den Punkt bringen, könnten wir viel Struktur und Entspannung in unsere Beziehung bringen.

Falls Sie sich jetzt fragen: »Liebe und ein Vertrag … Passt das überhaupt? Das macht meine Beziehung doch viel zu unpersönlich«, dann denken Sie mal an den Stress, den Sie damit vermeiden könnten: Streitereien, Vorwürfe, Grenzüberschreitungen, Enttäuschungen, Ärger, unbedachte Worte, Verletzungen … Es müssen keine Türen mehr geschlagen werden, er muss nicht mehr in die Kneipe rennen, um sich abzulenken, und sie braucht keinen Einkaufsbummel, bei dem sie viel zu viel Geld für Dinge ausgibt, die ihren inneren Hunger doch nicht stillen. Stattdessen können beide Energie und Zeit für die Dinge aufwenden, die ihre Beziehung wieder schöner machen.

Ehe – ein Vertrag, bei dem der Mann auf die eine Hälfte seiner Lebensmittel verzichtet, damit sie ihm die andere Hälfte kocht.
Fred Feuerstein, Comicfigur

Wenn Sie einen Liebesvertrag aufsetzen, dokumentieren Sie, dass Sie Ihre Bedürfnisse und die Ihres Partners ernst nehmen und dass Sie Ihre Beziehung wertschätzen. Schreiben Sie alles hinein, was Ihnen wichtig ist: Wünsche, Bedürfnisse, Verhaltensweisen, Pflichten, Versprechen, Regeln … Legen Sie ihn erst einmal auf eine bestimmte Zeit – beispielsweise ein halbes Jahr – fest und verhandeln Sie danach wieder neu.

Themen, die in dem Vertrag Platz finden können

♥ Jeder von uns hat einen eigenen Bereich in der Wohnung/im Haus, der vom anderen geachtet wird. Über diesen Bereich verfügt ausschließlich der »Eigentümer«.

♥ Wir haben beide das Recht, uns ohne lange Erklärung zurückzuziehen und uns eine kurze Auszeit nehmen zu dürfen.

♥ Was wir uns gegenseitig anvertrauen, dürfen wir im Streit NIEMALS gegeneinander verwenden.

♥ Wir können beide an einem Abend in der Woche unseren Hobbys nachgehen. Die Abende müssen miteinander abgesprochen werden.

♥ Wir kleiden uns auch zuhause attraktiv, aber an einem Tag in der Woche dürfen wir uns gehen lassen.

♥ Einmal im Vierteljahr hat jeder von uns ein »freies« Wochenende, an dem der andere alle Pflichten übernimmt.

♥ Jeder hat 7 Tage pro Jahr, an denen er etwas für sich allein machen darf. Die Termine werden miteinander abgesprochen.

♥ An einem Abend in der Woche (am besten immer an demselben) nehmen wir uns Zeit für Zärtlichkeiten: Rücken oder Füße massieren,
kuscheln, streicheln, Sex ohne Zeitdruck etc.

♥ An einem Abend in der Woche besprechen wir, was gerade schlecht
läuft, wie wir es beide lieber hätten und natürlich auch, welche positiven Tendenzen wir verstärken können.

Eventuelle Probleme mit Geld, Familie oder Beruf sollten ebenfalls in den Vertrag aufgenommen werden.

Wichtig: Der Vertrag und die vereinbarten Termine
müssen von beiden ernst genommen und in den Kalender eingetragen werden. Hält einer sich nicht daran,
wird er vertragsbrüchig und muss etwas für den anderen
tun, um es wieder gutzumachen.

Ein weiterer Vorteil des Vertrags: Obwohl beide sich
in einer festen Beziehung befinden, können sie sich
dank ihrer vereinbarten »Rechte« dennoch ein Stück
weit frei und unabhängig fühlen.

Sind Sie bereit, erste Punkte für *Ihren* Vertrag zu notieren?

*Immer wieder fragt man
mich nach dem Rezept
für meine lange und
glückliche Ehe. Nun,
meine Frau und ich gehen
zweimal die Woche aus.
Ein entspanntes
Abendessen bei Kerzen-
licht und romantischer
Musik, ein paar Runden
auf der Tanzfläche.
Sie geht Dienstag, ich
am Freitag.*
Henny Youngman, Comedian

Liebesvertrag ♥

_____

_____

_____

_____

_____

_____

_____

_____

_____

_____

_____

_____

_____

_____

_____

Feilen Sie nochmals und nochmals daran, bis er genauso ist, wie Sie beide ihn brauchen.

Meine Wünsche, deine Wünsche

Vor jedem Vorwurf, den wir unserem Partner machen, stand ein verunglückter Wunsch an ihn. Woran lag es, dass er nicht erfüllt wurde?

Gab es vielleicht ein Missverständnis, weil wir uns nicht deutlich ausgedrückt haben?

Frauen neigen zu einer blumigeren Sprache und hätten gerne, dass der Liebste ihre Wünsche erahnt. Wobei es natürlich auch Männer gibt, die zu solchen Verschleierungstaktiken greifen und fragen: »Hast du Hunger?«, und wenn die Partnerin antwortet: »Nö«, ziehen sie einen beleidigten Schmollmund, statt gleich zu sagen, dass sie essen gehen möchten.

Wenn Sie an Ihren »Lieblings«-Vorwurf denken: Welcher Wunsch steckt dahinter?

_____

_____

_____

_____

_____

_____

Ist es ein Wunsch, bei dem der andere die Chance hat, ihn zu erfüllen? Was brauchen Sie, um ihn ganz klar auszudrücken? Was müsste Ihr Partner tun, damit Sie das können? Soll er interessierter schauen? Ihnen besser zuhören? Sie fühlen lassen, dass es in Ordnung ist, Wünsche zu äußern?

_____

_____

_____

_____

_____

_____

Teilen Sie Ihrem Partner mit, wie er sich in solchen Momenten verhalten sollte, um es Ihnen leichter zu machen.

Fragen Sie Ihren Partner auch nach seinen Wünschen und wie Sie ihn bei der Erfüllung unterstützen können. Einigen Sie sich darauf: Wir sind in einer Beziehung, in der gewünscht werden darf.

Woche 6
Es war schon immer so ...

Manche Paare leben schon seit Jahren denselben Trott: Sie steht um 7.00 Uhr auf, geht in die Küche, schaltet die Kaffeemaschine an und geht dann unter die Dusche. Er dreht sich nochmals auf die andere Seite, lässt sich um 7.20 Uhr von ihr wecken. Kurz vor 8.00 Uhr wird zusammen gefrühstückt, danach ein flüchtiger Kuss zum Abschied. Dienstags abends geht sie zum Yoga, donnerstags hat er seinen Stammtisch mit Kollegen. Am Samstagvormittag wird die Wohnung geputzt, danach trifft sie sich mit einer Freundin zum Kaffee und er legt sich eine Runde aufs Sofa. Abends gehen sie zum Italiener und ab und zu ins Kino. Sonntags wird spät gefrühstückt, danach gehen sie am Fluss entlang spazieren und Kaffee trinken.

Immer derselbe Weg, jedes Mal dasselbe Lokal. Täglich derselbe Ablauf, Woche um Woche, Jahr für Jahr. Mal abgesehen von Kleinigkeiten ändert sich daran kaum etwas. Raum für Spontanes, für Überraschungen, für Neues? Fehlanzeige. Es geht doch auch so ganz gut. Wenn nur nicht ab und zu dieses Gefühl wäre, dass das Leben an einem vorbeiläuft ...

Heute mal ganz anders

Durchbrechen Sie bewusst Ihre täglichen Rituale und machen Sie die Dinge anders als sonst: Beginnen Sie schon am Morgen damit, dass Sie früher aufstehen und raus an die Luft gehen oder Tee statt Kaffee trinken – von Ihrem Liebsten ans Bett gebracht. Besuchen Sie freitags mit ihm einen Salsakurs, schlafen Sie samstags aus und putzen Sie erst später. Machen Sie nachmittags ein Picknick auf der Wiese oder ein erotisches

Dinner auf dem Bett. Fahren Sie mit ihm am Sonntagmorgen ins Grüne oder in eine Stadt, die Sie schon immer mal besuchen wollten.

Alles ist erlaubt, solange es nur in einer anderen Art passiert als sonst. Versuchen Sie sich in einer neuen Sportart, lernen Sie eine Fremdsprache, besuchen Sie einen Malkurs in der Volkshochschule.

Das bringt vielfältige Sinneseindrücke und frischen Wind in Ihre Beziehung. Durch die Impulse von außen werden Sie ganz neue Gesprächsthemen mit Ihrem Partner entdecken.

Welche Rituale wollten Sie schon immer mal verändern?

_____

_____

_____

_____

_____

_____

_____

Mal nah, mal fern

Den Partner in- und auswendig kennen, genau wissen, wie er reagiert und was er zu diesem oder jenem sagen wird, hat zwar in mancherlei Hinsicht unbestritten Vorteile, doch die nötige Prise Pfeffer kommt in die Beziehung, wenn er uns mit einer neuen Facette seiner Persönlichkeit überrascht. Umgekehrt gilt das natürlich genauso. Wenn er sich schon vorher ausmalen kann, welche Kleidung Sie tragen, wenn Sie mit ihm ausgehen, oder welche Meinung Sie zu verschiedenen Themen Ihres Lebens äußern werden, braucht er ja weder genau hinzusehen noch hinzuhören.

Ganz klar: Sicherheit, Verlässlichkeit und Gemeinsamkeit sind für eine Beziehung wichtig. Dennoch muss es außer einem *wir* auch noch ein *ich* und ein *du* geben. Deshalb sollten wir uns ein wenig Fremdheit bewahren, um füreinander immer wieder spannend und interessant zu sein. Zu viel Nähe kann die Leidenschaft ganz schön müde aussehen lassen.

Dazu müssen wir hin und wieder auf Abstand gehen und Interessen verfolgen, die mit dem Partner nichts zu tun haben. Es ist nun mal eine menschliche Eigenart, dass derjenige, der immer zur Verfügung steht und allzu berechenbar ist, nicht so wertvoll erscheint wie der, um den man immer mal wieder kämpfen muss. Die meisten Männer finden selbständige Frauen, die auch etwas allein unternehmen und ihre kleinen Geheimnisse haben, reizvoll. Der eigene Freundeskreis, ein neues Hobby, ein paar Tage Auszeit von der Liebe, ein ungewohnter Kleidungsstil oder ein anderes Verhalten sorgen für Neugierde und Kribbeln auf beiden Seiten.

Wenn Sie zum ersten Mal seit langer Zeit etwas ohne ihn unternehmen, kann es Ihnen anstrengend und fremd erscheinen, nach viel Zweisamkeit eigene Wege zu gehen. Je nachdem, wie lange Sie schon in der Beziehung stecken, brauchen Sie viel Mut für diesen Schritt. Doch ist die anfängliche Abwehrhaltung erst einmal überwunden, kann die neue Freiheit in Kombination mit dem Prickeln des Unbekannten in ganzen Zügen genossen werden.

Was kommt Ihnen in den Sinn, wenn es darum geht, etwas völlig Ungewohntes auszuprobieren? Allein ins Kino, eine neue Sportart, ein Kurs bei der Volkshochschule? Ein Wochenende mit der Freundin verreisen?

Darf es ein wenig mehr sein?

Probieren Sie gemeinsam spannende Dinge aus:
- ♥ Besuchen Sie ein Krimi-Dinner und spielen Sie als Zuschauer in dem Stück mit.
- ♥ Kaufen Sie ein Buch, das Sie beide interessiert, und lesen Sie sich abends im Bett abwechselnd daraus vor.
- ♥ Falls Sie immer getrennt joggen gehen: zuerst gemeinsam bewegen und danach zusammen unter die Dusche.
- ♥ Steigen Sie getrennt in den Zug nach Amsterdam, Wien oder Venedig, treffen Sie sich im Abteil, als seien Sie zwei Fremde, und lassen Sie das Spiel sich entwickeln.
- ♥ Legen Sie einen Schweigetag ein: Sprechen ist verboten – Verständigung ist nur per Mimik, Gestik und Körperkontakt erlaubt.
- ♥ Tun Sie ein Wochenende lang alles, was er sich wünscht.
- ♥ Es versteht sich von selbst, dass es das Wochenende darauf genau andersherum laufen muss.
- ♥ Überraschen Sie sich gegenseitig mit einem Genussabend: Einer plant und agiert, beide dürfen genießen.

Was fällt Ihnen noch alles ein, was Sie schon immer mal mit Ihrem Partner tun wollten?

_____

_____

_____

_____

_____

_____

_____

_____

_____

_____

Wenn es prickelt und keine Brause ist

Lust auf eine kräftige Prise Sex? Probieren Sie aus, wie sich das anfühlt:

♥ Wie wäre es mit Sex woanders als immer nur in den eigenen vier Wänden? Ein Ausflug in den Wald, versteckt hinter den Bäumen oder in der letzten Reihe im Kino? Eine Strechlimousine mieten und sich durch die Stadt kutschieren lassen, während von innen die Scheiben beschlagen? Mit Zaungästen auf einem Rastplatz oder in einer dunklen Hofeinfahrt im Stehen? Das Prickeln spüren, das eine »gefährliche« Situation mit sich bringt. Die Gefahr, jeden Moment entdeckt zu werden.

♥ Schlüpfen Sie für einen Abend in eine fremde Rolle: Sie wollen wissen, wie es sich anfühlt, als Zimmermädchen vom Hotelgast verführt zu werden? Die taffe Maklerin spielen, die ihren Kunden durch die Wohnung führt und im Schlafzimmer hängen bleibt? Als strenge Lehrerin den Partner auf die Knie zwingen, damit er Ihnen die Füße küsst? Sich bei Ihrem Liebsten um die Stelle als Sekretärin bewerben? Wenn Sie sonst eher der praktische Kumpeltyp sind, mal den Vamp geben und ihm den Verstand rauben?

♥ Verbringen Sie ein erotisches Wochenende in einem Wellnesshotel: Tagsüber lassen Sie sich mit Massagen und Kosmetikbehandlungen verwöhnen, um danach ganz entspannt auf glatte Laken zu sinken und sich die halbe Nacht lang Schönes zu tun.

♥ Gönnen Sie sich den puren Luxus, ohne an die Haushaltskasse zu denken: Kaufen Sie teure rote Rosen und streuen Sie die Blätter auf das Bett, stellen Sie Champagner kalt und besorgen Sie ein paar leckere Sushi. Lassen Sie kurz vor seinem Eintreffen das Badewasser ein und parfümieren Sie es mit entspannenden und erotisierenden Ölen (siehe Seite 119). Empfangen Sie Ihren Partner im Gammellook, damit er

nichts von Ihrem Vorhaben ahnt. Wenn er entspannt aus der Bade-
wanne steigt und ins Schlafzimmer kommt, überraschen Sie ihn in
reizvollen Dessous und locken ihn aufs Lotterbett.

♥ Besuchen Sie mit Ihrem Liebsten einen Tantrakurs, um das Gefühl
von Geborgenheit herzustellen und Sex für Körper, Geist und Seele
kennenzulernen.

♥ Gehen Sie zusammen in einen Sexshop oder stöbern Sie im Internet.
Hier finden Sie Spielzeug, das für erotisches Feuerwerk sorgen kann.

♥ Machen Sie ein Fotoshooting mit ihm: Schminken und kleiden Sie
sich sexy, trinken Sie ein Gläschen Prosecco zusammen, legen Sie die
Musik auf, die Sie in eine gelöste Stimmung bringt, und dann kann es
losgehen: Lassen Sie sich fotografieren, knipsen Sie ihn und drücken
Sie für Paarbilder auf den Selbstauslöser. Lassen Sie sich von einem
Fotoband zu verruchten Posen inspirieren, blättern Sie in freizügigen
Zeitschriften oder holen Sie sich Ideen im Internet. Probieren Sie aus,
was Ihnen bisher verboten erschien, und werden Sie immer wagemuti-
ger. Von dem schönsten Foto machen Sie ein Puzzle, das Sie an einem
anderen Abend gemeinsam zusammensetzen.

Welcher Vorschlag hat Sie am meisten angesprochen? Oder sind Ihnen
beim Lesen noch ganz andere Ideen in den Sinn gekommen? Worauf
haben Sie Lust?

_____

_____

_____

_____

_____

_____

_____

Wenn Sie ihn abends überraschen wollen: Wissen Sie, was er umwerfender finden würde?

Variante 1: Sie überraschen ihn unvorbereitet.

Variante 2: Sie rufen ihn im Laufe des Tages bei der Arbeit an und machen ein paar Andeutungen, um sein Kopfkino einzuschalten.

Worauf auch immer Sie Lust haben: Leben Sie Ihre Fantasien und Träume aus, um Ihr Leben bunt und aufregend zu gestalten.

Wer schläft, sündigt nicht. Wer aber vorher sündigt, schläft besser.

Thaddäus Troll,
Schriftsteller

Woche 7
Strategien

Männer sind nun mal anders als Frauen. Das wissen wir längst. Um sie zu verstehen, müssen wir uns mehr auf ihre Sprache und auf ihre Art des Denkens und Handelns einlassen. Das mag zu Beginn ein wenig mühsam erscheinen und vielleicht fragen Sie sich: Warum sollte ich? Er kann sich doch auch mal anstrengen! Doch was bringt es, ein Leben lang vom Prinzen zu träumen, der unsere Gefühle erahnt, in unsere Gefühlswelt eintaucht und uns unsere Wünsche von den Augen abliest? Die Realität sieht doch meist ganz anders aus! Letztlich tun wir es vor allem für uns selbst, wenn wir uns mehr auf seine Welt einstellen. Denn es wird sich für uns lohnen, wenn wir es schaffen, ihn um den kleinen Finger zu wickeln: Wenn wir ihm geben, was er braucht, werden wir viel eher von ihm bekommen, was wir uns wünschen!

Schauen Sie sich folgende Strategien an, suchen Sie sich diejenige aus, die Ihnen am meisten zusagt, und probieren Sie so schnell wie möglich aus, was passiert, wenn Sie sich anders verhalten als sonst. Nachdem sich erste Erfolge eingestellt haben, testen Sie die nächste aus. Aber wundern Sie sich bitte nicht, wenn es immer besser klappt mit Ihrer Beziehung!

Frauen möchten in der Liebe Romane erleben, Männer Kurzgeschichten.
Daphne du Maurier, Schriftstellerin

Sein Rückzug ist besser als Ihr Stress

Was tun Sie, wenn Sie sauer sind, weil Sie sich über das Verhalten Ihres Partners geärgert haben? Schauen Sie erst einmal nur auf sich? Auf Ihre Erwartungen, Ihre Enttäuschung? Aber auch auf Ihre Fehler und Ihre Minuspunkte? Glauben Sie, es läge an Ihnen, wenn er abends schlecht gelaunt nachhause kommt? Überlegen Sie vielleicht: Wie kann ich mich ändern, damit er sich freut, mich zu sehen?

Eine viel bessere Verhaltensweise wäre: Hören Sie genauer hin, wenn er redet, beobachten Sie seine Körpersprache, fühlen Sie sich in ihn hinein. (Als Frau dürfte Ihnen das doch leicht fallen.) Das bringt Sie auf eine tiefere Ebene. Gehen Sie in die Rolle der Beobachterin, seien Sie neugierig: Wie funktioniert dieser Mann? Was sind seine Rollen? Was sind seine Spielchen? Wie seine Reaktionen? Sind diese vorhersehbar? Schauen Sie unter **Wer nicht hören will, darf fühlen! Oder lieber sehen?** auf Seite 40, welcher Sinneskanal bei ihm dominiert.

Wissen ist Macht und je mehr Sie über ihn wissen, desto besser können Sie ihn verstehen und umso eher können Sie nachvollziehen, warum er sich so oder so verhält.

Was Ihnen das bringen soll? So können Sie seine Eigenarten besser »bei ihm« lassen. Sie müssen es nicht persönlich nehmen und die Fehler bei sich suchen, wenn er Dinge tut, die Ihnen nicht behagen. Es hat mit Ihnen doch gar nichts zu tun, wenn er abends schlecht gelaunt von der Arbeit kommt, weil er Probleme mit einem Auftraggeber hat. Wenn er auf Abstand geht und sich mit einer Flasche Bier in den Hobbykeller zurückzieht, ist das einfach nur seine Art, mit seinem Ärger fertig zu werden.

Sobald Sie seine Verhaltensmuster kennen, können Sie viel sachlicher damit umgehen, und Ihre Emotionen dürfen sich ein wenig ausruhen. Wenn er also wieder gereizt nachhause kommt, drücken Sie ihm gleich sein Bier in die Hand und machen Sie sich aus dem Staub.

Denn Sie wissen es ja bereits: Wenn Sie ihn jetzt ansprechen und ihn gar um etwas bitten … können Sie es vergessen! Das bringt nichts außer Stress und schlechten Gefühlen. Denn er wird eh nur dicht machen.

Man ist glücklich verheiratet, wenn man lieber heimkommt als fortgeht.
Heinz Rühmann, Schauspieler

Doch wenn Sie wissen, dass er eine Stunde später – ganz friedlich und glücklich darüber, dass er eine verständnisvolle Partnerin hat – Ihnen jeden Wunsch von den Lippen abliest, sollten Sie das nutzen. Sie finden, das sei üble Manipulation? Man kann es auch geschicktes Umgehen mit Gegebenheiten, die frau doch nicht ändern kann, nennen.

Loben statt meckern

Ihr Partner hat eine Sache erledigt, die er schon längere Zeit vor sich hergeschoben hat. Wie reagieren Sie, nachdem er es endlich getan hat?

– Sie nörgeln: Das hättest du schon längst machen können.
– Sie meckern: Das wäre doch bestimmt auch schneller gegangen, wenn …
– Sie seufzen: Endlich hast du das erledigt und dafür soll ich dich auch noch loben?
– Sie sagen: Danke, mein Schatz. Wie lieb von dir. Das hast du prima gemacht!

Was glauben Sie, welche Antwort bei ihm am besten ankommt?

Wenn Sie oft an ihm herumnörgeln: Warum sollte er sich Mühe geben, Ihnen eine Freude zu machen oder Ihnen einen Wunsch zu erfüllen? Dann kann er es doch gleich lassen. Können Sie sich vorstellen, wie es sich für ihn anfühlt? Da legt jemand immer nur den Finger auf wunde Punkte, sieht nur das Schlechte und ist für das Gute, das er tut, blind. Wollten Sie so jemandem eine Freude machen?

Wenn Sie ihn aber loben, werden Sie ihn zu weiteren »Heldentaten« motivieren und er erledigt gleich noch die nächste Sache.

Zuerst geben, dann nehmen

Wenn Sie sich manchmal fragen, ob Ihr Partner der deutschen Sprache überhaupt mächtig ist, weil immer, wenn es um wichtige Dinge geht, nur noch Wortbrocken aus ihm herauskommen, machen Sie eine Sprechübung mit ihm. Wenn er wieder an seinem Auto herumbastelt oder vor dem PC sitzt, schauen Sie ihm über die Schulter und fragen neugierig: »Oh, das sieht ja interessant aus, was du da machst.«

Er wird Sie dann vielleicht mit technischen Dingen zum Gähnen langweilen, aber er wird sich Ihnen öffnen. Hat er erst einmal gelernt, dass es ungefährlich ist, sich Ihnen mitzuteilen, wird er das auch dann tun, wenn es um Ihre Themen geht oder Sie etwas aus ihm herauslocken wollen. Diese Strategie passt übrigens zum typisch männlichen Mann, also demjenigen mit wenig weiblichen Anteilen (siehe auch Seite 65).

Direkt hinein statt um den heißen Brei

Männer denken nun mal in einfacheren Bahnen als Frauen. Während wir zwischen den Zeilen lesen und mit Gefühl an eine Sache herangehen, brauchen Männer klare Ansagen, am besten in kurzen und einfach formulierten Sätzen. Wenn Sie also etwas von ihm wollen – er soll ein Regal zusammenbauen, Ihnen mal wieder Blumen mitbringen oder die lästige Steuererklärung für Sie erledigen: Verzichten Sie auf Sätze wie diese: »Du, Liebling, Isabell bekommt von ihrem Freund jeden Samstag Blumen mitgebracht«, denn dann kann es sein, dass er nur antwortet: »Netter Freund, den deine Freundin hat« oder: »Hat wohl ein schlechtes Gewissen, der Bursche«. Noch ergebnisloser wird es sein, wenn Sie jedes Wochenende Blumen hinstellen und erwarten, dass er das bemerkt und beim nächsten Einkauf selbst daran denkt. Entweder bemerkt er die Blumen gar nicht oder aber er wird keine kaufen, weil er ja weiß, dass sie sich bereits welche gekauft haben.

Frauen lieben die einfachen Dinge des Lebens – beispielsweise Männer.
Farrah Fawcett, Filmschauspielerin

Also: Sagen Sie ihm ganz deutlich und mit wenigen Worten, was Sie von ihm wollen. Sie werden überrascht sein, um wie viel schneller er Ihre Wünsche erfüllt, wenn er weiß, welche es sind, und er nicht etwas erraten muss, weil das Erraten und Zwischen-den-Sätzen-Suchen außerhalb seiner Fähigkeiten liegt.

Wecken Sie den Mann im Mann

Heutzutage beklagen sich viele Männer darüber, dass ihre Partnerinnen so wenig Frau sind. Nachdem wir uns lange Jahre der Emanzipation verschrieben haben, sollen wir jetzt auf einmal das süße schwache Weibchen spielen? Doch andererseits: Wenn Sie wissen, dass Sie alles allein können und alles, was Sie sich vornehmen, schaffen – müssen Sie es sich dann täglich aufs Neue beweisen?

Machen Sie sich das Leben doch etwas bequemer und lassen Sie ihn Koffer und Getränkekisten schleppen. Erlauben Sie ihm, Probleme zu lösen, selbst wenn Sie es besser könnten. Lassen Sie ihn auf den Tisch hauen und Held sein, wenn es Schwierigkeiten mit Handwerkern oder Vermietern gibt.

Schlüpfen Sie stattdessen hin und wieder in Pumps und Kleidchen, präsentieren Sie Ihre verführerische oder sanfte Seite und zeigen Sie ihm damit, dass Sie ganz Frau sein können. Dann kann auch er endlich ganz Mann sein!

Wer ist hier die Stärkere?

Was machen Männer, wenn sie untereinander sind? Sie verhalten sich wie Buben. Sie rangeln, sie wetteifern, sie kämpfen miteinander! Sie sind einfach so, sie können nicht anders. Haben Sie Lust, es auf einen Kampf mit Ihrem Liebsten ankommen zu lassen, oder wollen Sie nicht lieber hin und wieder – zumindest vordergründig – fünf gerade sein lassen? Sich erst einmal zurückziehen, um auf sanfte weibliche Art dann doch das zu bekommen, was Sie wollen?

Druck sorgt ja bekanntlich für Gegendruck. Warum etwas im Kampf erreichen, was frau auch mit einfacheren Mitteln haben kann?

Wichtig ist, dass am Ende eine Win-win-Situation herausspringt. Sie wollen Ihren Partner ja nicht bekämpfen, sondern mit ihm zusammen leben. Oder?

Selbst ist die Frau

Haben Sie ihm schon die Bedienungsanleitung mit den Anregungen für eine Wunscherfüllung nach Ihrem Geschmack geschrieben? Hat er Ihnen schon Blumen mitgebracht oder Sie zum Essen ausgeführt? Falls ja: Glückwunsch! Falls nein: Warten Sie nicht darauf, dass Ihr Liebster Ihnen eine Freude macht. Das können Sie selbst doch viel besser, denn nur Sie wissen ganz genau, woran Sie Spaß haben.

Natürlich hat es eine andere Qualität, wenn er es ist, der die Blumen kauft oder der allein auf die Idee kommt, Ihnen ein Parfum mitzubringen. Doch wollen Sie ewig warten und sich dabei grämen? Schnappen Sie sich lieber seine Kreditkarte – und los geht's ins nächste Shoppingcenter!

Woche 8 und 9
Streiten und verzeihen

Zu streiten und sich wieder zu versöhnen, sind wie Salz und Pfeffer in unserer Beziehungssuppe. Denn wenn wir uns streiten, kommen Themen auf den Tisch, die unsere Beziehung sonst womöglich vergiften würden. Richtig zu streiten ist eine Kunst, die Sie erlernen können. Schauen Sie in dieser Woche doch mal, wie es geht, und probieren Sie es – im Streitfall – einfach aus.

Im Ehestand muss man sich hin und wieder streiten, sonst erfährt man ja nichts voneinander!
Johann Wolfgang von Goethe, Dichter

Du machst mich noch wahnsinnig!

Wir kennen sie alle, diese Streitigkeiten um Kleinigkeiten: Da geht es um nasse Handtücher auf dem Boden, um den offenen Toilettendeckel, im Badezimmer verteiltes Schminkzeug oder den Abfall, der tagelang vor sich hinstinkt.

Schnell entsteht ein Kleinkrieg zwischen zwei Menschen, die sich lieben und es doch nicht lassen können, immer wieder dieselben Dinge zu thematisieren, ohne zu einer Lösung zu kommen. Warum muss immer ich alles tun? Mach doch endlich auch mal was!

So mancher Mann sorgt dafür, dass sich seine Partnerin in eine Xanthippe verwandelt. Er stellt sich taub und je mehr sie meckert, desto eher wird er lakonisch dahinwerfen: »Ja, Mama!« Dann geht sie an die Decke, denn sie fühlt sich unrecht behandelt, schließlich will sie doch nur, dass er sich an die Regeln hält und auch Verantwortung übernimmt: »Ich will doch kein weiteres Kind, sondern einen erwachsenen Mann, der sich die Aufgaben mit mir teilt!« Und schon sind beide drin im schönsten Streit.

Wenn zu den Kleinkriegsschauplätzen vielleicht noch schwerwiegende Probleme hinzukommen, kann das ganz schön an der Basis der Beziehung kratzen, sofern beide sich hinter ihren Barrikaden verschanzt haben ...

Was ist in Ihrer Beziehung das »liebste« Streitthema? Probleme, die von außen in die Beziehung kommen, wie familiäre oder berufliche Themen? Oder geht es um Dinge, die zwischen Ihnen beiden stehen? Zu wenig sexuelle Lust? Zu wenig Zuwendung? Streitereien darum, wer Entscheidungen treffen darf oder muss? Zu wenig gegenseitiges Verständnis? Einseitige Aufteilung der Arbeiten? Die Ex ist noch aktuell? Notieren Sie, was Ihnen dazu in den Sinn kommt:

> *Vorwürfe sind schlecht formulierte Wünsche.*
> Martin Haberzettl,
> Diplom-Psychologe

Wenn zwei sich streiten ...

Dass man sich hin und wieder zankt, kommt in jeder Beziehung vor. Wenn zwei Menschen zusammenleben, prallen nun mal Wertvorstellungen aufeinander. Zwei Menschen, die völlig identisch ticken, ist in den meisten Fällen ein unerfüllbarer Wunschtraum.

Die Frage ist nur: Wie gehen Sie mit Ihren Streitereien um? Ziehen Sie sich gekränkt in die Schmollecke zurück? Wird einer von Ihnen beiden laut oder aggressiv? Fehlen Ihnen die Worte? Teilen Sie ordentlich aus und machen Ihren Partner verbal klein? Fliegen die Tassen?

Wie verhalten Sie sich beim Streiten?

_____
_____
_____
_____
_____
_____

Wie verhält sich Ihr Partner?

_____
_____
_____
_____
_____
_____

Mensch ärgere dich nicht!

Jeder hat seine Eigenheiten und das ist auch gut so. Problematisch wird es erst, wenn diese Eigenheiten – die wir zu Beginn der Beziehung vielleicht noch liebenswert fanden – den anderen auf die Palme bringen.

Wissen Sie ganz genau, was es ist, worüber Sie sich bei Ihrem Partner aufregen? Ist es sein Grinsen, wenn er Sie verspottet? Oder die Art, wie er die Gabel hält? Seine »Ähs« und langen Pausen, wenn Sie sich mit ihm über ernsthafte Probleme unterhalten wollen?

_____
_____
_____
_____
_____
_____

Und wie steht es umgekehrt? Wissen Sie, welche Ihrer Eigenarten – die vielleicht aus Ihrem Blickwinkel gar keine sind – Ihren Partner am meisten nerven? Falls Sie es nicht wissen: Fragen Sie ihn!

_____

_____

_____

_____

_____

_____

Wann Streiten nichts bringt

◆ Zwischen Tür und Angel, weil einer oder beide unter Zeitdruck ist/sind
◆ Sobald einer laut wird
◆ Wenn man müde ist
◆ Wenn es Vorwürfe hagelt
◆ Sobald es mit Schuldzuweisungen losgeht
◆ Wenn die Kinder dabei sind
◆ Wenn man in Gesellschaft anderer Menschen ist
◆ Beim Essen
◆ Vor dem Schlafengehen
◆ Wenn man gerade sehr mit anderen Dingen beschäftigt ist und keine Kapazität mehr frei hat

Wenn wir merken, dass wir einen Streit anzetteln wollen, ist es gut, innezuhalten und sich zu fragen: Wo hat es angefangen? War es wirklich der Partner? Oder steckt Ärger mit dem Kollegen, der Freundin, der Mutter oder dem Kind dahinter? War es nur eine Geste oder ein Blick von ihm, der das Fass zum Überlaufen gebracht hat? Hat er wirklich verdient, dass ich meinen Ärger an ihm auslasse? Oder sollte ich lieber meine Sportschuhe anziehen und eine Runde ums Quartier machen, um mich abzuregen?

Meine Schuld, deine Schuld

Mit Schuldgefühlen können wir uns gegenseitig ganz schön unter Druck setzen und manipulieren. Wenn einer den richtigen Schalter beim anderen findet, bekommt dieser schnell ein schlechtes Gewissen und tut, was von ihm erwartet wird.

Sind Sie anfällig für »Du bist schuld, weil …«? Oder für Sätze, mit denen emotional erpresst werden soll, wie:
– »*Das* hätte ich nicht von dir gedacht.«
– »Wie konntest du mir das nur antun?«
– »Aber du hattest es mir doch versprochen!«
– »Wenn du mich lieben würdest, dann würdest du auch …«

Benutzen Sie selbst solche Anschuldigungen?

Wenn Partner A sich verletzt und klein fühlt, dem anderen eins auswischen oder seinen Willen durchsetzen will, greift er schnell mal zur Schuldzuweisungstaktik, ohne lange darüber nachzudenken, was er in der Beziehung damit anrichtet.

Auch die nonverbale Kommunikation wird in solchen Fällen gerne zur Manipulation eingesetzt: Er lässt den Kopf hängen, zeigt, wie sehr er leidet, reagiert trotzig, entzieht sich einem Gespräch, antwortet mit »Nichts!«, wenn der andere fragt, was los ist, und ruft auch nicht zurück, wenn Partner B schon x-mal versucht hat, ihn zu erreichen. Er zieht einfach sein Ding durch, um zu bekommen, was er will.

Das Fatale daran: Er glaubt, ohne die Anerkennung und Liebe des anderen nicht leben zu können. Er hofft, die Zuwendung des anderen erzwingen zu können, traut sich nicht, offen zu sagen, was ihm fehlt und was er braucht oder was ihm Angst macht, sondern denkt stattdessen, dass der andere es schon noch merken wird bzw. zu spüren bekommt! Dabei fühlt Partner A sich als armes, missverstandenes Opfer und nimmt gar nicht wahr, dass er in Wirklichkeit der Täter ist.

Derweil grummelt es im Inneren von Partner B, denn auch er fühlt sich nicht nur hilflos, sondern zusätzlich noch wütend, weil er Schuldgefühle hat und gar nicht so recht weiß, warum. Er glaubt, keine andere Wahl zu haben, als zu tun, was Partner A will, damit endlich Ruhe herrscht, auch wenn er sich dafür sehr zurücknehmen muss: Er verzichtet auf eigene Wünsche und Bedürfnisse und redet sich ein, dass das doch gar nicht so schlimm ist, zieht sich zurück, statt den anderen zur Rede zu stellen, und überlässt dadurch Partner A die gesamte Macht. Oder aber Partner B bleibt »immun« gegen Manipulationsversuche, wird aber dennoch von Schuldgefühlen geplagt.

Eine verfahrene Situation, die die Beziehung nicht gerade besser macht.

Sind Sie anfällig für Schuldzuweisungen und emotionale Erpressung? Falls Sie sich in Partner A wiedererkannt haben: Was sind Ihre bevorzugten Formulierungen?

_____

_____

_____

_____

_____

Falls Sie sich in Partner B wiedererkannt haben: Wie reagieren Sie auf Schuldzuweisungen?

_____

_____

_____

_____

_____

Lösungsmöglichkeiten:

Partner B sollte lernen, die Schuldzuweisungen von Partner A auszuhalten, ohne darauf zu reagieren und sich stattdessen zu fragen: »Was macht das mit mir und wie kann ich das bearbeiten?«

Partner A sollte lernen, seine Wünsche und Bedürfnisse auf eine offene und für den Partner verständliche Weise auszudrücken.

Beide sollten lernen,
– die Verantwortung für sich und ihre Bedürfnisse zu übernehmen,
– dem anderen zuzutrauen, dass auch er das für sich kann,
– sich so zu akzeptieren, wie sie sind,
– dem anderen seine Gefühle zuzugestehen – ohne den Druck, dafür verantwortlich zu sein oder sie kleiner machen zu müssen,
– sich und dem anderen zu erlauben, seine Weltanschauung zu haben,
– die ausgesprochenen und unausgesprochenen Regeln, die es in der Beziehung gibt, zu überdenken und zu überarbeiten.

Die folgende Übung hilft Ihnen, sich selbst mehr anzunehmen und Schuldgefühle ganz schnell loszulassen:

An der Handaußenkante, direkt unter dem Grundgelenk des kleinen Fingers, befindet sich eine leichte Vertiefung. Klopfen Sie diese Stelle an der linken Hand mit zwei Fingern, während Sie den folgenden Satz dreimal – am besten laut – vor sich hinsagen: »Auch wenn ich Schuldgefühle habe, liebe, respektiere und akzeptiere ich mich aus ganzem Herzen so, wie ich bin, und vergebe mir.« Danach klopfen Sie auch an der rechten Hand auf diese Stelle und sagen den Satz ebenfalls dreimal vor sich hin.

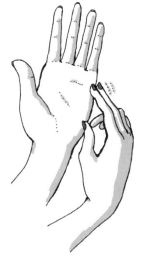

Diese Übung können Sie immer dann anwenden, wenn Sie das Gefühl haben, in einem tiefen Loch zu sitzen, aus dem Sie nicht mehr herausfinden werden, wenn Sie glauben, Ihre Bemühungen würden ja doch zu nichts führen, oder wenn Sie sich gerade selbst nicht leiden mögen. Dann können Sie den ersten Teil des Satzes entsprechend austauschen: »Auch wenn ich mich machtlos (hilflos, unfähig) fühle, liebe, respektiere und akzeptiere …« oder »Auch wenn ich keinen Ausweg sehe, liebe, respektiere und akzeptiere …« oder »Auch wenn ich mich selbst nicht leiden kann, liebe, respektiere und akzeptiere …«.

Danach werden Sie erleichtert aufatmen können.

Lieber zwei gegen den Rest der Welt als jeder gegen jeden

Mitunter kann es ganz schön schwer sein, seine verhärtete Position zu verlassen, um auf eine neutrale Ebene zu gehen und sich dort mit dem Partner zu treffen. Hat man das geschafft, kann man vernünftig miteinander reden, ohne ständig auf das eigene Recht zu pochen oder sich von alten Verletzungen leiten zu lassen. Statt zu Flucht und Angriff überzugehen, kommt es zum respektvollen Dialog. Dazu gehört viel Stärke und der feste Wille, eine positive Veränderung herbeizuführen, ohne in gewohnte Verhaltensmuster zurückzufallen.

Diese Regeln machen es leichter:

◆ Machen Sie keine Anklagen, keine Vorhaltungen, keine Schuldzuweisungen, kein »immer du«, »niemals ich« oder »wieder mal«.

◆ Wählen Sie respektvolle Worte und Sätze und versuchen Sie, wohlwollend auf das, was Ihr Gegenüber sagt, zu reagieren.

◆ Jeder hat eine gewisse Zeit zum Sprechen zur Verfügung, in der der andere nicht unterbrechen darf. Nehmen Sie beispielsweise eine Eieruhr und legen Sie Block und Stift auf den Tisch, falls Sie befürchten, das, was Sie erwidern wollen, zu vergessen.

◆ Bleiben Sie sachlich, zielen Sie nicht unter die Gürtellinie, werfen Sie sich *niemals* gegenseitig etwas vor, das Ihnen in einer intimen Stunde anvertraut wurde. Worte können wie ein Messer sein, das ewig in der Wunde stecken bleibt.

◆ Wenn Sie merken, dass die Gefahr besteht, dass Sie den anderen mit Ihren Worten verletzen werden, nehmen Sie einen Schluck Wasser in den Mund und zählen Sie gedanklich bis zehn, bevor Sie sprechen.

◆ Schauen Sie sich in die Augen oder öffnen Sie die Ohren oder halten Sie sich an den Händen, je nachdem, wie Sie und Ihr Partner gestrickt sind – visuell, auditiv oder kinästhetisch –, um in Kontakt miteinander zu bleiben.

◆ Machen Sie eine Pause, wenn es laut wird. Gehen Sie raus bzw. akzeptieren Sie, dass Ihr Partner rausgeht, und atmen Sie tief durch. Vereinbaren Sie jedoch zuvor eine Zeit – 5 Minuten, eine halbe Stunde oder mehr – und setzen Sie sich dann wieder zusammen. Beide müssen sich darauf verlassen können, dass es danach weiter geht – allerdings entspannter.

◆ Wenn die Kommunikation ganz schwierig ist, kann ein Dritter als Schiedsrichter fungieren.

◆ Machen Sie Codewörter als Stoppsignal aus, damit der andere weiß, dass er gerade im Begriff ist, »Krisenland« zu betreten.

Killerphrasen

Killerphrasen sind wunderbar geeignet, andere auszubremsen, herabzusetzen, abzuwehren, für Resignation zu sorgen und dadurch Veränderung zu blockieren. Sie weisen Schuld zu, setzen emotional unter Druck und führen in eine Sackgasse. Wenn uns jemand Killerphrasen um die Ohren wirft, fühlen wir uns hilflos, wütend, schuldig, verzweifelt, hoffnungslos, ängstlich oder alles zusammen.

Wenn Sie mit Ihrem Partner so kommunizieren wollen, dass Sie sich hinterher befreit und gut fühlen, wenn Sie einen Streit beenden und Ergebnisse haben wollen, sollten Sie solche Sätze streichen:

– Ich kann mir schon denken, wie das endet.
– So läuft das nicht.
– Lassen wir es doch gleich ganz bleiben.
– Typisch (du, Mann, so, wie immer) …
– Das funktioniert doch sowieso nicht.
– An deiner Stelle würde ich das auch behaupten.

– Das hätte ich nicht von dir gedacht.
– Das haben wir schon immer so gemacht.
– Ich wusste doch, dass es keinen Sinn hat, mit dir zu diskutieren.
– Wenn du mich lieben würdest, hättest du, würdest du, könntest du ...
– So etwas tut man nicht.
– Andere Männer machen so etwas doch auch nicht.
– Ich tu so viel für dich, da musst du doch auch mal ...

Ich-Botschaften

Wenn wir dem anderen ein tatsächliches Verhalten ohne Wertung mitteilen und ihm sagen, wie wir das empfinden, vermeiden wir, dass er sich angegriffen fühlt. Um eine Ich-Botschaft richtig zu formulieren, sollte man das beachten:
Sie besteht aus den drei Teilen:
– Auslösendes Verhalten
– Eigenes Empfinden
– Auswirkung

Ein paar Beispiele:

Sagen Sie nicht:	*Sondern stattdessen:*
»Du übernimmst keine Verantwortung für unsere Beziehung.«	»Wenn ich die Verantwortung für unsere Beziehung allein tragen muss (Verhalten), fühle ich mich überfordert (Empfinden) und unsere Beziehung wird den Bach hinuntergehen (Auswirkung).«
»Immer kommst du zu spät, wenn wir bei meinen Eltern zum Essen eingeladen sind.«	»Wenn du zu spät kommst, wenn wir bei meinen Eltern zum Essen eingeladen sind (Verhalten), ist mir das

peinlich und ich befürchte (Empfinden), dass wir meine Eltern damit
vor den Kopf stoßen (Auswirkung).«

»Du redest dummes Zeug.«	»Wenn du so unzusammenhängend sprichst (Verhalten), bin ich ganz wirr im Kopf (Empfinden) und verstehe kein Wort von dem, was du mir sagen willst (Auswirkung).«
»Kannst du mich auch mal ausreden lassen!?«	»Wenn du mich nicht ausreden lässt (Verhalten), macht mich das wütend (Empfinden) und das Gespräch führt ins Nichts (Auswirkung).«
»Du hörst mir nie zu!«	»Wenn du mir nicht zuhörst, wenn ich etwas Ernstes mit dir besprechen will (Verhalten), fühle ich mich ohnmächtig und hilflos (Empfinden), weil ich Angst habe, dass uns das immer weiter auseinanderbringt (Auswirkung).«

Alles klar?

Schwirrt Ihnen der Kopf von diesen vielen Regeln? Um eine erfolgreiche Kommunikation zu führen, muss man einiges beachten. Vielleicht wird es eine Weile dauern, bis Sie alles beherrschen. Doch es lohnt sich zu üben, wenn Sie erst einmal festgestellt haben, um wie viel besser Sie mit Auseinandersetzungen umgehen können. Zum Üben und um gleich noch ein wenig an der Beziehung zu arbeiten: Legen Sie einen wöchentlichen »Streitabend« fest. Jeder darf am anderen unter Einhaltung der Regeln jeweils eine Sache kritisieren.

Ich bin du und du bist ich

Stehen Sie manchmal vor Ihrem Partner und fragen sich: Was ist das nur für ein Mensch? Was geht in ihm vor? Sie empfinden ihn auf einmal als völlig fremd und das ist gar kein angenehmes Gefühl? Um leichter nachzuvollziehen, warum Ihr Partner sich so oder so verhält, sollten Sie einfach mal seine Mimik, Gestik und Sprache nachahmen. Wenn Sie in seine Rolle schlüpfen, sich so richtig einfühlen und dann seine Wortwahl nachahmen, in seiner Weise dreinblicken, die Hände in derselben Art halten, dann können Sie viel eher verstehen, was in ihm vorgeht.

Oft sind wir so in unserer eigenen Denkweise gefangen, dass uns gar nicht bewusst ist, dass der Partner eine andere Sichtweise, andere Wünsche, Hoffnungen, Erwartungen, Vorstellungen hat. Wir denken, die Welt sei ausschließlich so, wie wir sie wahrnehmen. Das kann zu Fremdheit, Missverständnissen und unangenehmen Gefühlen führen.

Doch wenn wir sozusagen in die Schuhe des Partners schlüpfen, kann es plötzlich Klick machen und wir verstehen, was ihn dazu bewegt, Dinge auf seine Art zu sagen oder zu tun.

Wenn Ihr Partner sich auch auf diesen Versuch einlässt, wird sich Ihnen eine ganz neue Dimension des gegenseitigen Verstehens eröffnen.

So klappt es besser

Unter Stress – und Streiten ist bei den meisten Menschen mit Stress verbunden – lässt die Leistungsfähigkeit unseres Gehirns ganz schön nach. Dann kann es passieren, dass die wortgewandte Sprecherin auf einmal ein Blackout hat und der sonst so verständnisvolle Partner nur noch logisch taktiert. Bei den meisten Männern schaltet vor allem die rechte Gehirnhälfte ab und sie haben keinen Zugriff auf Gefühle, Intuition, Kreativität oder den Gesamteindruck mehr. Deshalb reagieren sie unter Stress vor allem analytisch, rational und sequenziell. Bei den meisten Frauen ist es genau umgekehrt. Sie bleiben in ihren Gefühlen hängen, reagieren impulsiv und verlieren die Fähigkeit des logischen Denkens. Die folgenden Übungen helfen Ihnen, auch in stressigen Zeiten gefühlvoll und gleichzeitig logisch agieren zu können:

Stress lass nach

Im Sitzen oder Liegen strecken Sie Ihre Beine aus und legen Ihren rechten Knöchel über den linken (oder umgekehrt, falls sich das besser anfühlt). Strecken Sie die Arme nach vorne aus und drehen Sie Ihre Handflächen nach außen. Überkreuzen Sie Ihre Handgelenke, verschränken Sie die Finger ineinander und legen Sie Ihre Hände ganz entspannt in den Schoß. Schließen Sie Ihre Augen und während Sie tief einatmen, berühren Sie mit der Zungenspitze leicht Ihren Gaumen, und zwar dort, wo sich Ihre Zunge befindet, wenn Sie den Buchstaben »L« aussprechen. Beim Ausatmen bewegen Sie Ihre Zungenspitze nach unten.

Bleiben Sie so für ein bis zwei Minuten sitzen. Danach kommt der zweite Teil: Stellen Sie Ihre Füße nebeneinander auf den Boden. Halten Sie Ihren Rücken gerade und lassen Sie Ihre Hände sich an den Fingerspitzen berühren. Während Sie weiterhin tief ein- und ausatmen, liegt Ihre Zunge nun ganz entspannt im Mund.

Bleiben Sie auch in dieser Haltung für ein bis zwei Minuten sitzen, und spüren Sie, wie die Anspannung Ihren Körper verlässt und Sie sich wieder wohliger fühlen.

Diese Übung können Sie in oder vor allen Stress-Situationen machen. Sie hilft ebenfalls:
– gegen Einschlafschwierigkeiten,
– gegen Nervosität,
– wenn Sie sich besser kontrollieren wollen,
– wenn Sie besonders konzentriert sein wollen,

- wenn Sie deutlich hören und sprechen wollen,
- wenn Sie Grenzen akzeptieren wollen oder müssen,
- wenn Sie sich leichter auf eine neue Situation einstellen wollen.

Gehirnintegrationsübung

Setzen Sie sich auf einen Stuhl. Strecken Sie Ihre Arme seitlich aus. Stellen Sie sich vor, dass Sie in Ihrer linken Hand die rechte Gehirnhälfte halten und in der rechten Hand die linke. Schließen Sie langsam Ihre Arme und stellen Sie sich dabei vor, dass Sie Ihre beiden Gehirnhälften zusammenführen, um sie miteinander zu verbinden. Falten Sie Ihre Hände und legen Sie diese für ein paar Sekunden in den Schoß.

Diese Übung hilft immer dann, wenn Sie unter Stress stehen und sich deshalb eine Gehirnhälfte «verabschiedet» hat. Das erkennen Sie daran, dass Sie nicht mehr klar denken können, im Gedankenkarussell gefangen sind oder an den Zeichen, wie sie unter **So klappt es besser** beschrieben werden (siehe Seite 100).

Klaren Kopf bewahren

Diese Übung können Sie im Sitzen, Stehen oder Liegen machen. Legen Sie beide Hände auf die Mitte Ihres Schlüsselbeins, fahren Sie mit Ihren Fingerspitzen vom Schlüsselbein nach unten in den nächsten Rippenzwischenraum. Links und rechts Ihres Brustbeins finden Sie zwei leichte Einbuchtungen. In die eine legen Sie Ihren Daumen und in die andere Zeige- und Mittelfinger Ihrer rechten Hand. Mas-

sieren Sie diese beiden Stellen, während die linke Hand auf Ihrem Bauchnabel liegt.

Nach drei tiefen Atemzügen kommt die linke Hand nach oben und die rechte auf den Bauchnabel. Wiederholen Sie die Massage für ebenfalls drei tiefe Atemzüge.

Sie sind unsicher, ob Sie die richtige Stelle getroffen haben? Massieren Sie einfach großflächig, dann klappt es auf jeden Fall.

Die Übung hilft Ihnen,
–   klarer denken zu können,
–   mehr Energie zu haben,
–   konzentrierter zu sein.

Emotionale Stressreduzierung

Unter **Wenn Sinneskanäle blockiert sind** auf Seite 58 konnten Sie bereits lesen, wie die emotionale Stressreduzierung, kurz ESR genannt, funktioniert. Im Folgenden finden Sie eine Ergänzung in Bezug auf Stress mit Ihrem Partner.

Wenn Sie wissen, dass Sie abends oder in ein paar Tagen ein Streit- oder Klärungsgespräch mit Ihrem Partner haben werden, können Sie schon einmal den Stress auf diese Situation reduzieren, damit Sie sich a) nicht länger als nötig mit unangenehmen Gedanken und Gefühlen herumplagen müssen und b), sobald es so weit ist, viel gelassener mit der Situation umgehen können und c) dadurch Ihre Standpunkte entspannt und rational vertreten können.

Legen Sie dazu eine Hand auf Ihre Stirn und die zweite an Ihren Hinterkopf. Atmen Sie zuerst ein paar Mal tief ein und aus und dann geht es los:

1. Lassen Sie alle belastenden Gedanken, Befürchtungen, Erwartungen, Ahnungen und die dazugehörenden Gefühle, Bilder und Worte hochkommen.
2. Stellen Sie sich die kommende Situation so negativ wie möglich vor.

Was könnte im schlimmsten Fall passieren? Während Sie noch immer Stirn und Hinterkopf halten, wird der Stress auf diese Vorstellung reduziert. Spielen Sie das Streit-/Klärungsgespräch gedanklich von Anfang bis Ende durch.

3. Lassen Sie den noch vorhandenen Stress los, indem Sie sich vorstellen, dass er unter der Dusche abgewaschen wird. Ist alles weg? Falls nein: Kippen Sie gedanklich noch mehr Wasser nach.

4. Stellen Sie sich die Situation positiv vor – so wie Sie es am allerliebten hätten. Dadurch werden Sie sich über Ihr Ziel klar und nehmen den Stress weg, den Sie auch auf eine positive Erwartung haben können.

Sie werden sehen: Derart auf das Gespräch vorbereitet, wird es viel besser laufen als sonst.

Ich verzeihe dir!

Man sagt: Das Schönste am Streit ist die Versöhnung. Leider schaffen wir es manchmal nicht, bis dorthin zu gelangen, weil es noch viel zu stark in uns brodelt. Doch jedes Mal, wenn wir Groll gegen unseren Partner hegen, weil er uns etwas »angetan« hat, oder wenn wir in die Vergangenheit reisen, um alte Verletzungen am Heilen zu hindern, schaden wir damit vor allem einer Person: uns selbst. Natürlich können wir unserem Partner das Leben schwer machen, können »die alte Suppe wieder aufwärmen«, ihm seine Taten wieder und wieder »aufs Brot schmieren«. Doch was passiert? Unsere Beziehung leidet darunter. Wir leiden darunter.

Wenn wir uns mit Dingen beschäftigen, die sowieso vorbei sind, lenken wir unsere Aufmerksamkeit immer wieder hin zum Negativen. Das soll nicht heißen, dass wir alles tolerieren und schlucken sollen, was der andere uns vorsetzt. Aber manchmal fehlt das richtige Maß und wir bewerten Dinge über, die das gar nicht verdient haben und nur dafür sorgen, dass wir angespannt und schlecht gelaunt sind oder dass uns Kopfschmerzen und Schlaflosigkeit plagen. Wenn wir unseren Partner mit Missachtung bestrafen, trifft das also vor allem uns selbst. Vielleicht weiß er nicht einmal, was los ist, weil wir uns zurückziehen, statt ihm mit einer Ich-Botschaft mitzuteilen, was gerade in uns abläuft.

Und seien wir doch mal ehrlich: In den wenigsten Fällen wird es so sein, dass er uns böswillig verletzen will. Es ist doch viel eher so, dass unser Partner – genau wie wir auch – in seiner eigenen Welt und seinen Verhaltensmustern gefangen ist. Jeder kann die Dinge nur so gut tun, wie er es kann. Macht er die Dinge nicht so gut, heißt das doch nur, dass er es zum jetzigen Zeitpunkt einfach nicht besser hinbekommt.

Wenn Sie Ihrem Partner etwas nicht verzeihen können, stellen Sie sich bitte ein paar Fragen. Die Beantwortung wird Ihnen sehr viel mehr bringen, wenn Sie dabei Stirn und Hinterkopf halten, um den Stress abzubauen.

1. Legen Sie sich hin, atmen Sie tief ein und aus und schließen Sie die Augen: Spielen Sie gedanklich die Situation durch, die Sie verletzt hat oder ärgert. Sehen Sie sich nochmals alle Einzelheiten an, hören Sie das, was Ihr Partner gesagt hat, aber auch auf Ihre innere Stimme. Nehmen Sie Ihre Gefühle und Körperreaktionen wie beispielsweise einen Kloß im Hals oder Magendrücken wahr.

2. Fragen Sie sich: Gibt es etwas, das Sie selbst zur Situation beigetragen haben und das dafür gesorgt hat, dass es in die falsche Richtung gelaufen ist?

3. Was könnte Ihren Partner dazu gebracht haben, sich so oder so zu verhalten? Wollte er sich anders darstellen, als er ist? Hatte er ganz andere Absichten? Waren noch andere Personen beteiligt?

4. Stellen Sie aufgrund seines Fehlverhaltens seine ganze Person oder die Beziehung in Frage? Ist das gerechtfertigt? Haben Sie Angst davor, dass

Ihr Partner sich wieder so verhalten wird, wenn Sie »klein beigeben«? Oder hat Ihr Partner sich schon öfter derartig verhalten? Falls ja: Welche Ich-Botschaften könnten ihm klarmachen, dass er Sie verletzt hat und dass Sie dieses Verhalten nicht mehr hinnehmen werden?

5. Sagen Sie: »Ich verzeihe dir dafür, dass du dich anders verhalten hast, als ich es gerne gehabt/als ich es gebraucht hätte.«

6. Stellen Sie sich vor, dass Sie alles, was noch an Stress da ist, an einer magischen Schnur, die von Ihrem Kopf durch den ganzen Körper und die Füße bis tief in die Erde geht, hinauslaufen lassen.

7. Spielen Sie die Situation nochmals so durch, wie Sie sie gerne gehabt hätten: Wie würde Ihr Partner dann aussehen? Wie würde er Sie anschauen? Welche Worte würde er zu Ihnen sagen? Welchen Kommentar würde Ihre innere Stimme dazu abgeben? Wie würde sich das anfühlen? Emotional? Körperlich? Machen Sie das so lange, bis Sie befreit aufatmen.

Es ist ein Zeichen von Stärke, wenn Sie die Größe haben, ihm zu verzeihen. (Denken Sie übrigens daran, sich selbst auch eigene Fehler nachzusehen!)

Tun Sie sich diesen Gefallen und Sie werden merken: Wenn Sie den Ballast abgeworfen haben, werden Sie sehr froh darüber sein. Und dann … freuen Sie sich auf die Versöhnung!

Woche 10
Friede, Freude, Streicheleinheiten

Nachdem Sie sich die letzten beiden Wochen mit einem schweren Thema beschäftigt haben, wird es nun ganz leicht und heiter …

Kleine Aufmerksamkeiten erhalten die Liebe

Wann haben Sie ihn das letzte Mal bei der Arbeit angerufen, um ihm zu sagen, dass Sie sich auf den Abend mit ihm freuen? Wie lange ist es her, dass Sie ihn mit seinem Lieblingsessen überrascht haben? Können Sie sich noch daran erinnern, wann Sie sich das letzte Mal an ihn geschmiegt und ihm ins Ohr gehaucht haben: »Ich habe Lust auf dich«? Kleine Gesten und Aufmerksamkeiten tun uns doch allen gut. Einen Zettel mit einem Kussmund in seine Geldbörse gesteckt oder ein Päckchen Gummibärchen in die Hosentasche … das sind Dinge, die Ihrem Partner zeigen, dass Sie an ihn denken und dass er Ihnen wichtig genug ist, um ihm eine kleine Freude zu machen.

Wenn es schon lange her ist, dass Sie Ihren Partner mit solchen Gesten überrascht haben, kann es natürlich sein, dass Ihnen der Gedanke, seine Hosentaschen mit seiner Lieblingsschokolade zu füllen, fremd erscheint. Wie wird er darauf reagieren? Wird er es kindisch finden, wenn Sie ihm Ihren Slip in die Aktentasche legen mit einem kecken: »Ich freu' mich auf heute Abend«? Wird er Sie auslachen oder fragen, ob Sie noch richtig ticken?

Schließlich sind Sie schon jahrelang mit ihm zusammen und die Honeymoon-Phase mit derartigen Spielereien ist weit in die Vergangenheit gerutscht. Es könnte also sein, dass Ihnen gar nicht wohl bei dem

Gedanken daran ist ... Sollte es so sein, dann fragen Sie sich: Wie würden Sie reagieren, wenn er Sie mit ähnlichen Kleinigkeiten überraschen würde? Würden Sie denken: »Der hat sie nicht mehr alle, hat er ein schlechtes Gewissen?« Oder würden Sie sich einfach freuen?

Streicheleinheiten für die Seele ...
... sein Kopfkino inbegriffen

♥ Verstecken Sie ein sexy Foto von sich zwischen seinen Slips.

♥ Legen Sie ihm ein Marzipanherz auf den Frühstücksteller.

♥ Schenken Sie ihm einen Abend mit seinen Freunden einschließlich Bier und Chips.

♥ Organisieren Sie an seinem Geburtstag eine Überraschungsparty mit all Ihren Freunden.

♥ Überraschen Sie ihn mit etwas, das er sich schon immer gewünscht hat und das etwas ganz Besonderes für ihn ist: einen Sportwagen übers Wochenende mieten, eine Eintrittskarte zum nächsten Formel-1-Rennen, eine Fahrt im Heißluftballon, ein romantisches Wochenende in Paris.

♥ Kochen Sie ihm sein Lieblingsessen und tragen Sie nur eine Schürze, wenn er kommt.

♥ Besorgen Sie auf dem Heimweg Sushi oder andere Leckereien.

♥ Planen Sie einen gemütlicher Badewannenabend.

♥ Fallen Sie über ihn her, sobald er durch die Tür kommt.

♥ Besorgen Sie ihm seine Lieblings-CD.

♥ Schreiben Sie ihm ein Gedicht.

♥ Erweisen Sie ihm kleine Gefälligkeiten, wie das Badetuch vorwärmen, bevor er aus der Wanne steigt.

♥ Kaufen Sie ihm ein Buch, von dem Sie genau wissen, dass es ihm gefällt, und legen Sie lauter kleine Liebesbotschaften zwischen die Seiten.

Schaffen Sie immer wieder neue Glücksmomente und ermuntern Sie ihn, sich bei Ihnen zu revanchieren. Sollte er nicht reagieren, geben Sie ihm einen kleinen freundlichen Schubs!

> *Wir sind Engel mit nur einem Flügel. Um fliegen zu können, müssen wir uns umarmen.*
>
> Luciano de Crescenzo, Schriftsteller

Ganzjährige Verführung

Mit Päckchen der besonderen Art können Sie ihn überraschen, wenn er auf eine längere Geschäftsreise muss, wenn Sie die Vorweihnachtszeit besonders reizvoll gestalten wollen oder wenn ein anderer Termin, wie zum Beispiel der Kennenlerntag oder sein Geburtstag, ansteht:

Nehmen Sie ein Foto von sich, auf dem Sie umwerfend sexy aussehen, und drucken Sie es zweimal in DIN-A4-Format aus. Je nachdem, wie stabil das Papier ist, sollten Sie eines der Fotos gegebenenfalls auf ein Stück Karton kleben. Zerschneiden Sie dieses nun in so viele Puzzleteile, wie Sie Tage bis zum großen Ereignis vor sich haben. Verpacken Sie die Fototeile, zum Beispiel in schwarzes oder rotes Glanzpapier, und legen Sie jeweils eine Praline, ein Minipäckchen Gummibärchen oder eine andere nette Kleinigkeit mit dazu, bis Sie entsprechend viele Päckchen haben.

Das zweite große Foto drehen Sie zu einer Rolle und verpacken es ebenfalls. Beschriften Sie die einzelnen Päckchen mit einem silber- oder goldfarben schreibenden Stift und überreichen Sie ihm diese in einer Dose oder einer herzförmigen Schachtel.

> *Ich liebe dich so sehr – ich würde dir ohne Bedenken eine Kachel aus meinem Ofen schenken.*
>
> Joachim Ringelnatz, Dichter

Und nun sind Sie dran

Gefällt Ihnen einer der Vorschläge? Was könnte Ihren Liebsten sonst noch vom Hocker werfen?

_____

_____

_____

_____

_____

_____

_____

Seien Sie mutig und kreativ. Was haben Sie denn schon zu verlieren?

Woche 11

Sorgen, Misserfolge und schon geht es wieder aufwärts

In jeder Beziehung gibt es ein Auf und Ab. Das ist nun mal so und das wird auch immer so bleiben. Das Wichtigste ist: Lassen Sie sich nicht unterkriegen, sondern lernen Sie, damit umzugehen und das Beste aus einer Niederlage herauszuholen. Dann sind Sie am Ende die Siegerin!

Sorgenbox

Wie oft kommt es vor, dass Sie dasitzen, ins Leere starren und sich Sorgen machen? Oder dass Sie schon morgens mit negativen Erwartungen aufwachen und sich nachts davon den Schlaf rauben lassen? Ob es sich dabei um Dinge handelt, die mit Ihrem Partner zu tun haben, oder ob es um Probleme des ganz alltäglichen Lebens geht, ist völlig egal. Denn Ihre Sorgen werden so oder so für schlechte Stimmung sorgen.

Mal abgesehen davon, dass Ihre negativen Erwartungen schon auf dem Weg sind, sich zu erfüllen, weil Sie ihnen einfach zu viel Energie schenken, machen Sie sich damit das Leben unnütz schwer. Denn es ist eine erwiesene Tatsache, dass 40 % der Dinge, um die wir uns Sorgen machen, niemals eintreten werden. 30 % gehören der Vergangenheit an und die können wir eh nicht mehr verändern. 12 % drehen sich um die Gesundheit, die wir nicht gerade verbessern, wenn wir uns mit negativen Gedanken stressen. Bei 10 % handelt es sich um Unbegründetes. Zum Schluss bleiben nur noch magere 8 % übrig. Doch auch die kann man entsorgen.

Das geht am einfachsten, wenn Sie eine alte Keksdose zweckentfremden oder sich gleich eine schöne Schachtel besorgen, um sie zu Ihrer Sorgenbox zu machen. Jedes Mal, wenn Sie ein sorgenvoller Gedanke plagt, schreiben Sie ihn auf einen Zettel und lassen ihn in der Box verschwinden. So sind Ihre Sorgen sicher aufgehoben und müssen Sie nicht mehr quälen, bis Sie die Zettel einmal pro Woche herausholen. Dann werden Sie zu Ihrer Freude feststellen, dass sich das meiste bereits in Luft aufgelöst hat.

Und die restlichen Sorgen? Setzen Sie sich in aller Ruhe damit auseinander und führen Sie die Übungen unter **So klappt es besser** auf Seite 100 durch.

Am besten tragen Sie einen festen Plündertermin in Ihren Kalender ein – zum Beispiel freitags nach der Arbeit –, damit Sie anschließend entspannt ins Wochenende schweben können.

Zu besonders turbulenten Zeiten dürfen Sie natürlich auch zweimal in der Woche plündern.

Alles bleibt beim Alten?

Manchmal sind unsere negativen Erwartungen – die natürlich auf Erfahrungen aus der Vergangenheit beruhen und deshalb nachvollziehbar sind – so stark, dass wir die kleinen oder auch größeren Schritte, die der Partner auf uns zu macht, gar nicht wahrnehmen. Stattdessen warten wir darauf, dass er die üblichen Fehler macht – schließlich haben wir das ja schon mehrfach erlebt –, damit wir uns mal wieder über seine Uneinsichtigkeit aufregen können. Dabei müht er sich vielleicht ab und kommt früher nachhause, räumt seine Sachen auf, bringt uns Blumen mit oder nimmt ein paar Pfund für uns ab, und wir bemerken nicht wirklich, dass er sich vorgenommen hat, sich zu bessern, sich zu verändern oder uns öfter eine Freude zu machen. Stattdessen reagieren wir nach dem alten Muster, suchen und finden das Haar in der Suppe und schon ist die Chance vertan, dass unsere Beziehung sich verbessern kann.

Mal Hand aufs Herz: Könnte Ihnen so etwas passieren? Und falls ja: in welcher Hinsicht?

_____

_____

_____

_____

_____

_____

_____

_____

Wenn es nicht geklappt hat …

Sie haben einen schönen Abend geplant, wollten sexy Hexy spielen, aber er ist nicht darauf abgefahren? Auch wenn es Sie verletzt hat: Nehmen Sie es bloß nicht persönlich! Wahrscheinlich hatte er gerade heute viel Stress, zu viele Probleme im Kopf oder er war irritiert über Ihr Verhalten und konnte deshalb nicht so reagieren, wie Sie es sich gewünscht haben. Je eingefahrener Ihre Beziehung ist, desto länger kann es dauern, bis Ihr Partner auf Ihr neues Verhaltensmuster reagiert und Vertrauen entwickelt und nicht denkt, es handle sich lediglich um eine Eintagsfliege. Damit will er sich vielleicht nur vor Enttäuschungen schützen. Sie werden also zu Beginn ein wenig Durchhaltevermögen und Selbstsicherheit brauchen.

Betrachten Sie den verpatzten Abend nicht als Misserfolg, sondern lediglich als Feedback. Sie können daran ablesen, wie der Stand Ihrer Beziehung ist, und Sie können erkennen, wie lange es dauern wird, bis sich etwas verändert, und was Sie beim nächsten Versuch besser machen können. Bitte geben Sie auf keinen Fall auf, sondern machen Sie das Beste daraus, indem Sie sich fragen: Was kann ich daraus lernen? (Waren meine Erwartungen zu hoch?) Was hat es mit mir zu tun? (War ich wirklich entspannt?) Welche negativen Erwartungen haben dazu geführt? (Er wird ja eh nicht darauf eingehen!) Was kann ich anders machen, damit sich diese Situation nicht wiederholen muss? (Einen Zeitpunkt aussuchen, an dem wir beide gelöst und offen sind.)

Trauen Sie sich bitte, nochmals ein Risiko einzugehen. Beim nächsten Versuch wird es bestimmt so laufen, wie Sie es wünschen.

Werden Sie zu Kommunikationskünstlern

Wenn wir abends abgekämpft von der Arbeit nachhause kommen oder die Kinder den ganzen Tag genervt haben, wenn wir viel gesprochen haben, uns ärgern mussten, wir müde sind und uns am liebsten nur noch aufs Sofa legen würden ... Dann wollen wir nicht viele Worte machen. Es wäre erleichternd, wenn wir uns auf eine einfache Art verständigen könnten, zum Beispiel mit Karten.

Bastelstunde

Besorgen Sie mehrere große Stück Karton in zwei unterschiedlichen Farben: einen für Sie und einen für ihn. Schneiden Sie daraus gleich große Karten von circa 11 x 8 cm. Schreiben Sie auf jede Karte einen Satz, wie es Ihnen geht und was Sie brauchen. Beispiele:

Ich bin völlig fertig und
brauche eine **PAUSE** von
30 Minuten.

Oder:

Ich fühle mich gestresst
und brauche **ENTSPANNUNG**.

Oder:

Ich fühle mich schlecht.
Nimm mich bitte in den Arm.

Das geht auch mit Wörtern, die dem anderen die momentane Befindlichkeit mitteilen sollen: anlehnungsbedürftig, aufnahmefähig, genervt, offen, gut drauf …

Oder mit Symbolen, die eine bestimmte Aussage haben: Herz für Liebe, Yin und Yang für Harmonie, Kussmund für Sex, eine Spielkarte für den »Heute will ich Skat mit meinen Kumpels«-Abend, eine Handtasche für ihren Weiberabend, ein Schuh, damit er weiß, dass sie mal wieder shoppen gehen will …

Hängen Sie diese Karten an den Spiegel im Flur, an den Kühlschrank oder eine andere Stelle, die ins Auge fällt, damit der andere gleich weiß, was Stand der Dinge ist. Wenn Ihnen die Idee gefällt, können Sie eine besonders schöne »Liebes«-Pinnwand besorgen, auf die Ihre Karten kommen. Sie können schon morgens eine Karte hinhängen und Ihr Partner pinnt seine dazu.

Das ist wunderbar für Maulfaule oder für Menschen, denen es schwer fällt, ihre Gefühle in Worte zu fassen, oder die sich nicht trauen zu sagen, wie es ihnen geht und was sie wollen.

Die Karten helfen aber genauso denjenigen, die dazu neigen, Themen endlos zu diskutieren, oder die mit ihren Worten beim Partner einfach nicht landen können. Diese Art nonverbaler Kommunikation lässt den anderen ganz schnell wissen, was los ist.

Ein Wochenende für die Liebe

Sie haben nun schon kräftig an Ihrer Beziehung gearbeitet und sicher haben sich erste Veränderungen eingestellt. Nun sollten Sie sich mit einem schönen Wochenende voller Zweisamkeit belohnen und für ein inneres Lächeln sorgen.

Herzklopfen willkommen

Jetzt mal ganz ehrlich … Wann hatten Sie das letzte Mal Sex? Letzte Woche? Vor einem Monat? Oder – hmhm … – Sie wissen es gar nicht mehr so genau? Wenn es schon länger her ist, dass Sie mit Ihrem Liebsten so richtig geknutscht und gekuschelt haben, wenn Zärtlichkeiten immer seltener wurden und der Sex auch schon mal aufregender war, ist es Zeit für ein Wochenende voller Lust und Liebe. Ohne Zeitdruck, aber dafür mit viel Zuwendung, Naschereien, prickelnden Spielen, Nähe, Fantasie, Intimität, knisternder Erotik.

Wenn Sie schon länger zusammen sind und viel Sachlichkeit in Ihre Beziehung eingekehrt ist, müssen Sie sich mit dem Gedanken an so viel Zweisamkeit vielleicht erst einmal anfreunden. Doch trauen Sie sich, diesen Schritt zu tun, dann werden Sie das Herzklopfen genießen, das sich einstellt, sobald Sie das Verwöhnwochenende planen und sich vorstellen, etwas »Verbotenes« zu tun. Wählen Sie am besten ein Wochenende, an dem Sie beide sich von Freitagabend bis Sonntagnachmittag ungestört Ihren Stimmungen und Sehnsüchten hingeben und nur ein einziges Ziel verfolgen können: eine schöne Zeit miteinander zu verbringen, sich zu verwöhnen und verwöhnt zu werden.

Was an diesem Wochenende verboten ist

Tabu sind alle Themen, die annähernd Stress bei Ihnen auslösen und/oder die Stimmung zerstören könnten: der Ärger mit Kollegen, der anstehende Besuch bei der Schwiegermutter oder die Steuererklärung, die schon seit Wochen gemacht werden muss.

Grenzen Sie alle Gespräche über Probleme jeglicher Art an diesem Wochenende aus. Lassen Sie die Tageszeitung links liegen, den Fernseher aus, den Anrufbeantworter an und das Handy auf off. Verhalten Sie sich, als seien Sie auf einer einsamen Insel. Es gibt nur Sie beide ganz allein.

Was an diesem Wochenende erlaubt ist

Machen Sie es sich bequem, wählen Sie nur leichte, heitere oder prickelnde Themen: Schwelgen Sie in Erinnerungen an Ihr erstes Date und die Anfangszeit Ihrer Beziehung, erzählen Sie sich Ihre Fantasien, sprechen Sie über geheime Wünsche, Sehnsüchte und Träume. Spüren Sie das Knistern, wenn Sie sich gegenseitig unanständige Dinge ins Ohr flüstern.

Vorbereitungen für das Liebeswochenende

♥ Füllen Sie den Kühlschrank und besorgen Sie auch Leckereien, die man mit den Händen und vom Körper essen, mit denen man sich gegenseitig füttern und die man sich von den Fingern lecken kann, wie beispielsweise Sushi, Salamischeiben, Schinken- und Käsewürfel, Gemüsestückchen und Kräcker mit einem scharfen und pikanten Dip, Erdbeeren, Bananen, Feigen, Datteln ... Alles, was Ihnen schmeckt, aber nichts, was Ihnen schwer im Magen liegt und Sie träge macht.

♥ Legen Sie Flyer Ihres Lieblingslieferservices bereit.

♥ Sorgen Sie dafür, dass Sie Süßigkeiten da haben, mit denen sich schön spielen lässt: Sprühsahne, Mohrenköpfe, Körperschokolade ...

♥ Füllen Sie den Vorrat an anregenden und erhitzenden Getränken auf: Champagner, Prosecco, Sekt, Rotwein (kein Bier, das macht müde).

♥ Besorgen Sie ein neutrales Massageöl, beispielsweise Jojoba- oder Mandelöl, und ätherische Öle mit aphrodisierender Wirkung. Eine Auswahl finden Sie auf den nächsten Seiten.

♥ Sorgen Sie dafür, dass Sie reichlich Kerzen und/oder Teelichte zuhause haben.

♥ Bringen Sie aus dem Blumenladen Rosenblätter zum Bettbestreuen mit.

♥ Besorgen Sie einen schönen glatten Stoff für Ihr Bett.

♥ Schauen Sie im Internet nach Spielzeugen für prickelnde Stunden und bestellen Sie das, was Sie gerne ausprobieren wollen.

♥ Kaufen Sie ein Buch mit prickelnden Geschichten.

♥ Legen Sie Tücher bereit, mit denen Sie sich die Augen verbinden können, außerdem Papier und Stifte.

Duftende Verführer

Die Auswahl an ätherischen Ölen ist riesig. Suchen Sie das aus, was Ihre Nase am angenehmsten kitzelt und geben Sie ein einzelnes Öl oder mehrere Öle als Mischung in die Duftlampe und ins Massageöl. Wichtig ist, dass Sie nur naturreine Bio-Öle kaufen.

Entspanner

♥ Sandelholz wirkt sinnlich inspirierend, harmonisiert und entspannt. Es hilft, offen und verständnisvoll zu sein, und mischt sich gut mit Ylang-Ylang und Patchouli.

♥ Benzoe hüllt Sie ein, ist sinnlich, beruhigend und mischt sich gut mit Rose.

Muntermacher

♥ Muskatnuss hilft gegen Energielosigkeit und Müdigkeit. Das Öl mischt sich gut mit Orange.

♥ Orange ist richtig, wenn Sie unbeschwert und neugierig auf Neues sein wollen. Es stärkt Gefühl und Herz, bringt Lebenslust und Energie, mischt sich gut mit allen Ölen.

♥ Bergamotte belebt und treibt die Stimmung nach oben und mischt sich gut mit Ylang-Ylang und Rose.

Verführer

♥ Ylang-Ylang wirkt ausgleichend, stimuliert Ihre Sinne und euphorisiert. Es sorgt für mehr Selbstvertrauen und mischt sich gut mit Jasmin, Rose und Sandelholz.

♥ Jasmin euphorisiert, erotisiert, macht sinnlich, hingebungsvoll, zärtlich und glücklich. Es sollte stark verdünnt werden und mischt sich gut mit Rose und Sandelholz.

♥ Rose regt als Aphrodisiakum die Sinnlichkeit an. Marokkanische Rose berauscht, Bulgarische Rose steht für Romantik und Zärtlichkeit. Rose mischt sich gut mit Sandelholz, Jasmin, Bergamotte und Orange.

♥ Vanille weckt Ihre schlafende Sinnlichkeit und das Verlangen nach dem Partner. Das Öl mischt sich gut mit Rose.

Anheizer

♥ Muskatellersalbei euphorisiert, manche Menschen kann er richtig berauschen. Er inspiriert, aphrodisiert und mischt sich gut mit Bergamotte, Sandelholz und Ylang-Ylang.

♥ Patchouli erotisiert, entstresst, regt die Fantasie an, weckt die Ekstase und mischt sich gut mit Ylang-Ylang, Jasmin und Rose.

♥ Schwarzer Pfeffer aphrodisiert und bringt Sie so richtig auf Touren. Das Öl mischt sich gut mit Patchouli, Ylang-Ylang, Sandelholz und Jasmin.

♥ Geranie/Geranium hebt die Stimmung, harmonisiert, entspannt und weckt die Ekstase. Dieses Öl mischt sich gut mit Sandelholz und Muskatnuss.

Riechen Sie sich durch die ganze Palette durch und entscheiden Sie nach Lust und Laune, welche Öle Ihnen das Wochenende entspannen und verschärfen dürfen.

Freitagabend
Verführung pur

Freitag ist der Tag der Liebesgöttin Venus. Der ideale Tag also, um sich ausgiebig mit Ihrem Liebsten zu beschäftigen. Bereiten Sie alles dafür vor: Legen Sie den Stoff auf das Bett und streuen Sie die Rosenblätter darauf. Geben Sie die ätherischen Öle, die Ihre Nase am meisten umschmeichelt haben, in die Duftlampe und mischen Sie – entweder von demselben Öl oder einem anderen – ein paar Tropfen in das Massageöl. Nehmen Sie auf jeden Fall eines mit dazu, das für Entspannung sorgt. Stellen Sie Kerzen um das Bett herum und die Leckereien in greifbare Nähe. Danach geht's unter die Dusche und hinein ins verführerische Outfit, wie auch immer das bei Ihnen aussehen mag: Negligé für Sie und sexy enger Slip mit Shirt für ihn oder ein seidiger Schlafanzug, den Sie sich miteinander teilen und dessen Strenge Ihre Weiblichkeit aufs Sinnlichste unterstreicht. Dann machen Sie es sich auf dem Bett bequem.

Trinken Sie ein Gläschen, füttern Sie sich gegenseitig und nutzen Sie die Gelegenheit, sich mal wieder so richtig tief in die Augen zu schauen, während Sie sich gegenseitig genüsslich die Finger ablecken. Auch wenn heute der Tag der Liebe ist: Verkneifen Sie sich den Sex! Wenn Sie sich eine erotische Geschichte nach der anderen vorlesen, sich immer wieder tiefe Blicke zuwerfen und es zwischen sich knistern lassen, darf Lust entstehen, die aber nicht bis zum Schluss ausgelebt wird.

Liebe ist eine tolle Krankheit – da müssen immer gleich zwei ins Bett.

Robert Lembke, Fernsehmoderator

Es kann viel prickelnder sein und eine intensive Nähe entstehen lassen, wenn Sie sich mit Blicken und leichten Berührungen liebkosen, ohne es jedoch weiter gehen zu lassen. Lassen Sie zu, dass Ihre Seelen sich küssen, während Sie nur kuscheln und das Gefühl von Nähe, Lust und Sehnsucht auskosten.

Samstagvormittag
Sex oder kein Sex?

Wer morgens als Erster aufwacht, streichelt den anderen wach. Dazu dürfen Sie jetzt das Massageöl benutzen. Nehmen Sie ein paar Tropfen, verreiben Sie es zwischen Ihren Händen und streichen Sie es mit ganz sanften Bewegungen auf das Gesicht. Wenn der andere aufwacht, schauen Sie sich in die Augen: Lust auf Sex? Oder lieber noch ein wenig warten? Das Warten könnte schwerfallen, denn morgens zwischen 8 und 9 Uhr ist der Testosteronspiegel des Mannes am höchsten. Doch die Erfüllung der Lust hinauszuzögern, hat ihren Reiz. Sie werden sehen, dass die Vereinigung sehr viel intensiver sein wird.

Danach oder stattdessen wählen Sie aus:
- ausgiebiges Frühstück,
- Walking mit gemeinsamem Duschen,
- gemütlicher Spaziergang,
- Besuch im Sportstudio,
- Saunabesuch,

– eine Massage,
– eine Mischung aus allem oder etwas ganz anderes, nach dem Ihnen der Sinn steht, solange es nicht etwas ist, das Sie samstags immer tun.

Danach trennen Sie sich für zwei bis drei Stunden, in denen jeder etwas für sich macht, um sich ein wenig Abstand zu gönnen und die Lust auf mehr entstehen zu lassen.

Samstagnachmittag und -abend
Erlaubt ist, was verboten ist

Wenn Sie wieder zusammenkommen, suchen Sie sich aus, auf welches Spiel Sie die größte Lust haben. Je nachdem, was Sie am Vormittag getan haben, passt das eine oder das andere besser. Hatten Sie morgens Sex, können Sie Ihre Lust aufs Neue entfachen, und falls Sie es wirklich geschafft haben, die Spannung noch hinauszuziehen, werden Ihnen die Spiele umso mehr Freude machen. Auch hier können Sie natürlich kombinieren, wie es Ihnen Spaß macht:

♥ Sie erzählen sich erotische Erlebnisse und der andere muss raten: wahr oder erfunden? Aber Vorsicht: Das kann extrem anturnend sein, aber auch völlig danebengehen, wenn einer von Ihnen sehr eifersüchtig ist.

♥ Machen Sie es sich auf dem Bett bequem und greifen Sie zum Massageöl, um sich gegenseitig von oben bis unten liebevoll durchzumassieren. Denken Sie daran, dass auch Hände und Füße eine Entspannung nötig haben.

   Für seine Luststeigerung: Widmen Sie dem Bereich zwischen Taille und Steißbein ganz viel Aufmerksamkeit. Massieren Sie diese Stelle mit kreisenden Bewegungen für ungefähr 5 Minuten.

   Für Ihre Luststeigerung: Lassen Sie Ihren Partner den Bereich unter Ihrem Nabel ebenfalls für 5 Minuten in kreisenden Bewegungen massieren. Die allerdelikatesten Stellen sparen Sie sich bis zum Ende auf.

♥ Verführen Sie Ihren Partner mit einem *Dinner in the Dark:* Breiten Sie ein paar Decken und Kissen auf dem Boden aus, legen Sie Fingerfood auf einen großen Teller, gießen Sie sprudelnde Getränke in stabile Gläser und stellen Sie beides auf den Boden in greifbare Nähe. Zünden Sie die Kerze für die Duftlampe an und dann schnappen Sie sich Ihren Partner, verbinden ihm die Augen und führen ihn zum Deckenlager. Nachdem er sich hingesetzt hat, prägen Sie sich ein, wo Essen und Getränke stehen, und verbinden sich ebenfalls die Augen. Füttern Sie sich gegenseitig und erkunden Sie dabei Ihre Körper. Das Fühlen wird mit verbundenen Augen viel intensiver sein als sonst. Flüstern Sie ihm Ihre Geheimnisse ins Ohr. Dinge, die Sie ihm bisher noch nicht zu sagen wagten: Wo wollten Sie schon immer mal von ihm gestreichelt werden? Wie soll er das machen? Sanfter? Fester? In welche Regionen soll er vordringen? Trauen Sie sich und ermuntern Sie ihn, auch seine geheimen Sehnsüchte zu offenbaren.

♥ Machen Sie sich zusammen ausgehfein, gehen Sie getrennt voneinander weg und treffen Sie sich in einer Bar, als seien Sie zwei Fremde. Flirten Sie miteinander, tanzen Sie engumschlungen, küssen Sie sich und turnen Sie sich so richtig an.

♥ Verstecken Sie einen kleinen Gegenstand unter Ihrer Kleidung und der andere muss suchen, wo er versteckt ist: warm, kalt, ganz kalt, wärmer, heiß …

♥ Kochen Sie zusammen etwas Leckeres, geben Sie erotisierende, durchblutende und anregende Gewürze hinein: Cayennepfeffer, Chili, Fenchelsamen, Gewürznelken, Zimt, Kardamom, Koriander, Kümmel, Süßholzwurzel, Muskatnuss, schwarzer Pfeffer, Piment, Rosmarin, Salbei, Thymian oder Vanille. Tragen Sie beim Kochen das, was den anderen anturnt: ein enges Kleidchen, Dessous, High Heels, nur eine Schürze …

♥ Bemalen Sie Ihren Körper mit Flüssigschokolade, schreiben Sie sich Wörter auf den Rücken, die Sie sich noch nie auszusprechen trauten, der andere muss raten, was es ist und dann … lecken Sie genüsslich alles wieder ab.

> *Wer seine Hände in den Schoß legt, muss deshalb nicht untätig sein!*
> Giacomo Casanova, Schriftsteller und Abenteurer

Sonntagmorgen
Entspannt zu zweit

Beginnen Sie den Sonntagmorgen entspannt mit einem Bad zu zweit, einem ausgedehnten Frühstück und einem Spaziergang. Falls Ihnen danach ist, gönnen Sie sich eine kleine Auszeit vom Partner, indem jeder wieder etwas für sich allein macht: faulenzen, lesen, sich entspannen. Danach üben Sie sich nochmals in Zweisamkeit:

♥ Nehmen Sie Papier und Stifte und schreiben Sie alles auf, was Sie am anderen lieben. Geben Sie sich dafür 10–15 Minuten Zeit. Lesen Sie sich diese kleinen Liebeserklärungen gegenseitig vor. Danach schreiben Sie drei Wünsche auf, die Sie an den anderen haben. Nehmen Sie sich auch dafür entsprechend Zeit. Wenn Sie sich anschließend die Wünsche im Wechsel vorlesen, schauen Sie sich bewusst in die Augen. Sprechen Sie darüber, wie die Wunscherfüllung realisiert werden kann, damit beide zufrieden damit sind.

♥ Spielen Sie »Stadt, Land, Fluss«: Jeder von Ihnen schreibt auf, was ihm zu den Begriffen: Glück, Liebe, Lust, Zufriedenheit, Partnerschaft, Gemütlichkeit, Ausgehen, Freude etc. einfällt. Suchen Sie die Begriffe aus, die Ihnen gefallen und nehmen Sie sich jeweils 5–10 Minuten Zeit. Überprüfen Sie am Ende die Gemeinsamkeiten und sprechen Sie über die unterschiedlichen Vorstellungen.

♥ Erinnern Sie sich an die Anfangszeit Ihrer Liebe: Wie haben Sie sich damals gefühlt? Welche Träume und Sehnsüchte hatten Sie? Was hat Sie am Partner am meisten fasziniert? Was war damals Ihre größte Freude? Worüber konnten Sie miteinander endlos reden, worüber lachen? Schauen Sie die Fotos an aus Zeiten, in denen alles ganz wunderbar war, und hören Sie Ihre Musik von damals.

Was hat sich verändert? Wie können Sie ein Stück dieser Zeit zurückholen? Was möchten Sie nochmals mit ihm erleben? Bitten Sie ihn darum, dass er das tut, was Ihnen damals so gut gefallen hat. Damit knüpfen Sie an Schmetterlinge, Herzflattern und zitternde Knie an. Vielleicht haben Sie ja Lust, das erste Date nachzuspielen oder die Orte aufzusuchen, wo Sie so richtig glücklich mit ihm waren.

♥ Sprechen Sie mit ihm über das Wochenende: Was hat Ihnen besonders gefallen? Was hat sich nicht so gut angefühlt? Was wollen Sie das nächste Mal ausprobieren? Was wollen Sie dann besser machen?

Glück ist ein Wunderding. Je mehr man gibt, desto mehr hat man.
Madame de Staël, Schriftstellerin

Wenn Sie am Ende Ihres Liebeswochenendes angelangt sind: Tragen Sie gleich einen Termin für das nächste Mal in Ihre Kalender ein.

Schnurgerade ins Ziel?

Wenn es am schönsten ist, sollte man aufhören … Doch manchmal macht es dann erst richtig Spaß, weiterzumachen.

Wenn Sie hier angelangt sind, haben Sie sicher schon einige Dinge ausprobiert. Ich könnte mir vorstellen, dass Ihnen das eine oder andere bewusst geworden ist, dass Sie sich dachten: »Ah, so habe ich das ja noch nie gesehen!«

Hatten Sie schon ein wenig Honeymoon-Feeling? Die Rückkehr vereinzelter Schmetterlinge? Vielleicht im Wechsel mit kleinen Einbrüchen, weil nicht alles so gelaufen ist, wie Sie es sich vorgestellt hatten? Momente, in denen Sie sich dachten: »Ich werfe alles hin. Das wird doch eh nichts.«

Hauptsache, Sie rappeln sich immer wieder auf und behalten Ihr Ziel im Auge. Denn es lohnt sich, darum zu kämpfen. Es geht schließlich um *Ihre* Beziehung, um *Ihr* Glück und um die wichtigste Person in Ihrem Leben: Es geht um *Sie selbst!*

Ich wünsche Ihnen ganz viel Glück mit Ihrer Liebe!

Ihre Helga Baureis

Literaturempfehlung

Emile Coué, Apotheker: *Autosuggestion. Wie man die Herrschaft über sich selbst gewinnt.* Neuausgabe des Klassikers. Oesch, Zürich, 5. Auflage. ISBN 978-3-0350-1507-2

Marion Hoffmann, Kinesiologin: *Muckis und Köpfchen. Kinesiologische Übungen und Tipps für gestresste Kids.* Oesch, Zürich. ISBN 978-3-0350-3033-4

Christa Keding, Dr. med.: *Die wundersame Welt des Muskeltests.* 2008 Oesch, Zürich. ISBN 978-3-0350-3036-5

dies.: *Der große Kinesiologie-Ratgeber. Ganzheitliche Heilung durch den Muskeltest.* Sonderausgabe. Oesch, Zürich. ISBN 978-3-0350-3026-6

Joseph O'Connor/John Seymour: *Neurolinguistisches Programmieren. Gelungene Kommunikation und persönliche Entfaltung.* 2008 VAK Verlag

Victoria Rosenbach, Dr. med.: *Kinesiologie für Mutter und Kind. Ganzheitliche Hilfe während Schwangerschaft, Geburt und der ersten Lebensjahre.* Oesch, Zürich

Internetseite

Hier finden Sie Anregungen für Spiele zu zweit: **www.venus-versand.de**

Danke

Christine Seufert fürs Korrekturlesen des NLP-Kapitels
Tina Cetto fürs Korrekturlesen des »Streit«-Kapitels
Swantje Steinbrink für ihre Arbeit als meine Agentin
Thies Stahl für das Korrekturlesen des NLP-Kapitels und die Inspiration zu der Übung: Meine Wünsche, deine Wünsche
Für die Anregungen, die ich bei einem lustigen Abend mit viel Prosecco von meinen Mitstreiterinnen beim Metaforum in einem italienischen Kloster bekommen habe.

Kontakt zur Autorin

Als Kinesiologin und Coach stehe ich auch für Beratungsstunden zur Verfügung. Bitte besuchen Sie mich auf meiner Homepage, um mehr zu erfahren: **www.helgabaureis.de**
Ich freue mich auf den Kontakt mit Ihnen!